中公新書 2756

今井むつみ
秋田喜美 著

言語の本質

ことばはどう生まれ、進化したか

中央公論新社刊

はじめに

言語という謎

私たちは言語を毎日使っている。水か空気のようにあって当たり前だと思っている。そのありがたみを感じるのは言語を使えなくなったときくらいかもしれない。「言語の性質とは何か？　そんなことを考えるのは言語学者というヒマ人だけだ。意味がわからなければ辞書を引け。そこに答えが書いてある」。そういう声が聞こえてきそうだ。でも生活の中でふとした瞬間に、「ことばとは何か」という、疑問がかすかに頭をよぎったことがある人も多いかもしれない。

もちろん言語が人間の知的活動のすべてではないし、言語能力が認知能力のすべてではない。しかし、人間には言語が必要なのだ。そして言語に関しての謎は多く、それぞれの謎が底なしの沼のように深い。言語研究者にとって、言語は、いくら登り続けても頂点にたどり着くことができない、高い山のような存在である。

記号接地という視点

認知科学では、未解決の大きな問題がある。**記号接地問題**という。私たち人間は、知っているそれぞれのことばが指す対象を知っている。「知っている」というのは、単に定義ができるということではない。たとえば、「メロン」ということばを聞けば、メロン全体の色や模様、匂い、果肉の色や触感、味、舌触りなどさまざまな特徴を思い出すことができる。もちろん、これは「メロン」を写真で見ただけではなく、食べたことがあれば、である。

しかし、実物を見たことも食べたこともない果物はどうだろう。「〇〇」という名前を教えられ、写真を見せられる。すると、その果物の外見はわかり、名前を覚えることができる。「甘酸っぱくておいしい」のような説明が書いてあれば、それも覚えることができる。しかし、〇〇のビジュアルイメージを「甘酸っぱくておいしい」という記述とともに記憶したら、〇〇を知ったことになるだろうか？　イチゴの味を知っていて、「イチゴは甘酸っぱくておいしい」と思っていたら、〇〇の味もイチゴの味と考えてしまうかもしれない。

記号接地問題は、もともとは人工知能（ＡＩ）の問題として考えられたものであった。「〇〇」を「甘酸っぱい」「おいしい」という別の記号（ことば）と結びつけたら、ＡＩは〇

○を「知った」と言えるのだろうか？

この問題を最初に提唱した認知科学者スティーブン・ハルナッドは、この状態を「記号から記号へのメリーゴーランド」と言った。記号を別の記号で表現するだけでは、いつまで経ってもことばの対象についての理解は得られない。ことばの意味を本当に理解するためには、まるごとの対象について身体的な経験を持たなければならない（図初-1）。ロボットならカメラを搭載することができる。カメラから視覚イメージを得ることはできる。しかし私たちが対象について知っているのは、視覚イメージだけではない。触覚も、食べ物なら味覚も、対象のふるまい方や行動パターンも知っている。このような身体に根差した（接地した）経験がないとき、人工知能は○○を「知っている」と言えるのだろうか？

しかし、記号接地問題は、人工知能の問題だけではないかもしれない。ヒトはことばを覚えるのに、身体経験が必要だろうか？　ことばを使うために身体経験は必要だろうか？　言語はどこまで身体とつながっている必要があるのだろうか？　記号接地問題については第4〜6章で詳しく議論することにして、ここでは、「ことばを使うために身体が必要か」という、記号接地問題と同根だが少し違った、より人間の言語の問題に直接的に関わる問いについて考える。そのためにまず、逆の方向、つまり「言語は抽象的である」ということを考えてみよう。

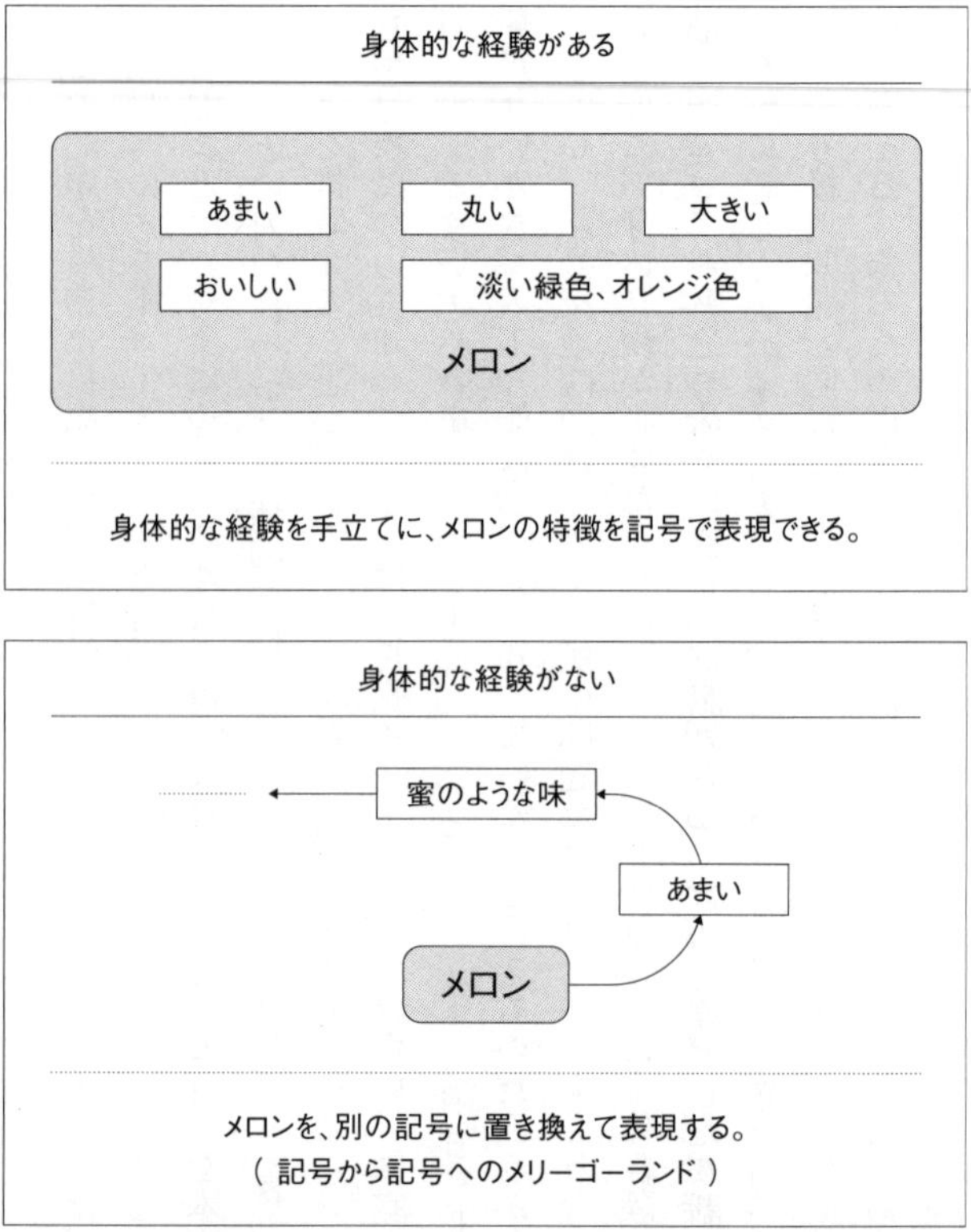
身体的な経験がある
あまい
丸い
大きい
おいしい
淡い緑色、オレンジ色
メロン
身体的な経験を手立てに、メロンの特徴を記号で表現できる。
身体的な経験がない
蜜のような味
あまい
メロン
メロンを、別の記号に置き換えて表現する。
（ 記号から記号へのメリーゴーランド ）

図初 - 1　記号接地問題

言語の抽象性――アカを例に

言語を覚え、使うために、果たして身体経験は必要なのか？　記号接地問題が提唱され、注目された背景を理解するには、１９９０年代前半という時代に言語がどのようなものとして認識されていたかを知っておく必要がある。

当時、「言語とは、身体感覚とは直接つながりのない、抽象的な記号である」という見方が主流であった。抽象的な概念を自由自在に操作できることが、人間の知性の象徴と考えられていた。言語は身体から切り離された抽象的な記号であり、それを論理的に操作すれば言語が理解できたり使えたりするという考え方は、コンピュータに言語を習得させたり、翻訳させたり、話をさせたりするのにとても都合がよい。コンピュータは身体を持たないからである。

その中で、本当に身体から独立した記号として言語を理解したり話したりすることができるのか、コンピュータに本当の「意味」がわかるのか、という疑問が生まれてきた。それが「記号接地問題」の背景である。

言語は巨大で、抽象的な記号システムであることは間違いない。抽象的なことばというと、「わび・さび」や「素数」など、視覚的な実体がない概念を指すことばを思い浮かべる人が多いと思う。たとえば「アカ（赤）」や「アルク（歩く）」は、あまり抽象的な意味を持つことばだとは思われない。対象が目に見えるからである。

しかし、真剣に考えていくと、実は「アカ」の意味も「アルク」の意味も非常に抽象的であることがわかる。「アカ」や「アルク」の意味は、ある典型的な指示対象を知れば理解できるわけではなく、ことばが指し示す範囲がわからなければならないからだ。範囲がわかるためには、同じ概念分野でそのことばを取り巻く他のことば（「アカ」の場合には「オレンジ」「ピンク」「ムラサキ」など）の存在を知り、それらとの境界がわからないといけない。これはある特定の対象（たとえば赤い自動車）を目にして「アカ」という単語の音を聞いただけでは到底わからないのだ。これについては詳しくは第6章で述べるので、ここでは、「ことばはシステムの一部なので抽象的である」ということをポイントとして押さえておいていただきたい。

言語の進化と子どもの言語習得の謎

一つひとつのことば（単語）がそれぞれ関係性を持ち、巨大なシステムになったもの、そしてそのことばをいくとおりにも組み合わせることができるもの、それが言語である。とすると、さまざまな疑問が生まれる。言語はどのように発生し、どのように進化したのだろうか？　発生当初からこのように抽象的で複雑で巨大なシステムだったのだろうか？　それはちょっと考えにくい。すると、発生したばかりの言語はどのようなもので、どのように現在の言語の形に進化していったのだろうか？

子ども当初から巨大なシステムを持っているはずがない。子どもはどのようなことばを最初に覚えるのだろう？　どのように言語が記号のシステムであることを理解するのだろうか？　どのようにこのような抽象的な意味を持った巨大なシステムを習得していくのだろうか？

これらの問題はすべて「記号接地問題」へとつながってくる。この問題を提唱したハルナッドは、少なくとも最初のことばの一群は身体に「接地」していなければならない、と指摘した。

本書は、「記号接地問題」に対する答えを考えていく。このことは、言語と身体の関わりについて考えることであるが、そこからさらに言語の起源と進化、そして子どもの言語の習得について考察をする。そしてさらに、「言語の本質とは何か」という問題に挑む。この挑戦の鍵となるのは「オノマトペ」である。

オノマトペ？　そう、「げらげら」とか「もぐもぐ」とか「ふわふわ」とか、日本人の生活になくてはならない、あのコトバである。実は、「オノマトペ」は今、世界的に注目されている。それも「ちょっと変わったおもしろいコトバ」としてではない。言語の起源と言語習得の謎を明らかにする上で大事なコトバ、「言語とは何か」という哲学的大問題を考える上で大事な材料として脚光を浴びているのである。著者たちもおもしろ半分でもなく、ウケ狙いでもなく、「オノマトペ」を学術的に重要なテーマとして、いたって真剣に、地味に研究してきた。

長年世界の主流派には、オノマトペは言語学という学問の中であまり重要でない、どちらかというと周辺的なテーマと考えられてきた。日本では海外に比べ、オノマトペの研究が盛んに行われてきたが、音と意味のつながりや文の中での機能や修辞的効果に焦点が置かれてきた。その中で、筆者の秋田は、大学院生のときから一貫して、他言語との比較や言語理論を用いた考察により、オノマトペがいかに言語的な特徴を持つことばであるかを考えてきた。

一方で、今井は認知科学、発達心理学の立場から、言語と身体の関わり、とくに音と意味のつながりが言語の発達にどのような役割を果たすのかという問題に興味を持ち、成人と乳児、幼児を対象に数多くの実験を行ってきた。今井が実験をデザインするときにいつも頼りにしてきたのが、世界中のオノマトペ研究の文献を熟知している秋田であった。

二人でオノマトペ談義をしていると、いつも最後は「オノマトペとは」ではなく、「言語とは」という問題に話が跳んでしまうことに、あるとき気がついた。二人とも、オノマトペに魅了されながらも、最終的に考えたいのは「言語の本質とは何か」という問題だということに、気づいたのである。

オノマトペは特殊なことばのように見えて、実は言語の普遍的、本質的な特徴を持つ、いわば言語のミニワールドであり、「記号接地問題」を解決する鍵になるのではないか。秋田は言語学に身を置き、言語の分析を行ってきた。今井は認知・発達心理学者として、言語を習得する、あるいは運用する人間の推論についてずっと考えてきた。つまり、秋田の研究のベースキャンプは言語サイドにあり、今井のベースキャンプは人間サイドにある。

言語のあり方と人間の思考という二つの基地を行ったり来たりしながら、言語学、認知心理学、脳神経科学など、異なる学問分野をまたいで世界のオノマトペ研究者たちが行ってきた膨大な研究の成果を二人で俯瞰的《ふかんてき》に見つめ、いっしょに考えていけば、「記号接地問題」「言語習得」「言語進化」「言語の本質」という言語研究の本丸に迫っていけるのではないか。そう考えて本書の執筆を始めた。もう5年以上も前のことである。複数の著者が共同執筆する本では、章を分担して別々に書くことが多いが、本書は、二人の筆者が思考のキャッチボールをしながら、言語という高い山に挑戦すべく、すべての章をいっしょに執筆した。

読者には、ぜひ筆者たちの「言語の本質とは何か」を理解するための探究の旅に同道していただきたい。

目次

凡例

・本書では読みやすさを考慮して、引用文中の一部の漢字を平仮名に改めた。読点やルビも追加した。
・新書という性格から、引用箇所の出典表記は最小限にとどめた。
・〈 〉は、その語句が表す意味を示す。

言語の本質

ことばはどう生まれ、進化したか

第1章　オノマトペとは何か

私たち日本語話者はあまりにも当たり前に使っているオノマトペ。しかも、オノマトペがエライとかスゴイと思っている人は少数派で、子どもが使う幼稚なことばであるとか、普段づかいのことばとしてはふさわしくないとか、やや気の毒な扱いである。そもそもオノマトペはちゃんとした（れっきとした）ことばなのだろうか？

「オノマトペ」の語源

「オノマトペとは何か」という問題から考えてみよう。そもそも「オノマトペ」という用語はどこから来たのか？　この用語は、ギリシア語起源のフランス語である。ギリシア語では、**onoma**（名前、ことば）＋**poiéō**（作る）で「名前を作る」の意。これをもとにしたフランス語の**onomatopée**や英語の**onomatopoeia**は、ヒトや動物の声や物音を模した擬音語を指す。

つまりもともと、「オノマトペ」とは擬音語のことなのである。実際、欧米の言語で「オノマトペ」というと、擬音語のことだけを考える人たちが多い。

しかし、日本語では、大多数のオノマトペはむしろ擬態語である。また、欧米以外の多くの言語、あるいはバスク語のような一部の欧米の言語でも、日本語の擬態語のように様子や動作、手触りなどを表すオノマトペは数多く観察される。

すでに述べたように、オノマトペ研究の進展とともに、世界中のさまざまな言語のオノマトペが研究されるようになり、オノマトペが音の模倣に限らないことが報告されている。学術界における「オノマトペ」の見方も変わってきた。現在では、擬音語だけでなく、日本語で言ういわゆる擬態語や擬情語（「わくわく」などの内的な感覚・感情を表す語）にも「オノマトペ」ということばが使われている。

なお、日本の研究者たちは「オノマトペ」を擬音語、擬態語、擬情語を含む包括的な用語として用いているが、欧米では **onomatopoeia** より **ideophone**（表意音）という用語が一般的になっている。

オノマトペの定義

オノマトペの例は日本語話者ならすぐに思いつくだろう。たとえば、以下のダイアローグの中で、オノマトペはどれだろうか？

Ａ　ご飯さあ、食べてね。
Ｂ　ああ、ありがと。
Ａ　こんなに食べらんない。
Ｂ　これ、おれ、もうちょっとイメージ的にはこう、このぐつぐつしとるのかと思ったら、なんか、なんか（笑）、なよっとした感じで。
Ａ　（笑）うん、ある意味、べ、べ、べちょっていう。
Ｂ　もっとジュージャーいって出てくる。

（名大会話コーパス）

このダイアローグで使われたオノマトペは、少なくとも「ぐつぐつ」「なよっ」「べちょ」「ジュージャー」の四つ。必ずしも辞書どおりのオノマトペの使い方ではない。「なよっ」は通常、人が弱々しくて頼りない様子を表すし、「ジュージャー」に至ってはその場限りで作られた語である。それにもかかわらず、日本語を母語とする人なら、これらのオノマトペは、感覚的に意味がわかり、このダイアローグの光景が鮮明にイメージできるのではないだろうか。もしかしたら、これがハンバーグの話であることまで想像できたという読者もいるかもしれない。私たちはこれほどオノマトペを熟知している。

しかしいざ「オノマトペとは何か」を定義しようとすると、これがかなり難しい。これまで何人もの言語学者がこれに取り組んできたが、なかなか納得する定義には至っていない。

オノマトペの特徴としてすぐに思いつくのは、繰り返しの語形である。重複形と呼ばれる。「ぐつぐつ」「ブラブラ」「キラキラ」「ホカホカ」「ポンポン」など、重複形のオノマトペはいくらでも挙げることができる。また、重複形のオノマトペは他言語にも多く、バスク語で「グルカグルカ」といえば「ゴクゴク」を、南米のパスタサ・ケチュア語で「アキアキアキアキ」といえば、「ユラユラ」に似た前後の揺れを表す。しかし、「なよっ」「べちょっ」、さらに西アフリカのエウェ語で「ザラザラ」を表す「ツァクリー」は繰り返されていない。「オノマトペ＝重複形のことば」というわけではないようだ。

現在、世界のオノマトペを大まかに捉える定義としては、オランダの言語学者マーク・ディンゲマンセによる以下の定義が広く受け入れられている。

オノマトペ：感覚イメージを写し取る、特徴的な形式を持ち、新たに作り出せる語

かなり抽象的な定義である。「特徴的な形式を持つ」という点は、オノマトペに重複形が

多いことから納得できそうである。「新たに作り出せる」という点も、先の「ジュージャー」のような例から明らかだろう。では、「感覚イメージ」を「写し取る」とはどのようなことを意味するのだろうか？

感覚イメージを表すことば？

まず、オノマトペは感覚を表すことばかどうかを考えよう。一般に、「感覚を表す」ことばとして真っ先に挙げられるのは形容詞である。日本語の形容動詞も含む。「うるさい」「静かな」「甲高い」は聴覚、「大きい」「鮮やかな」「赤い」は視覚、「滑らかな」「熱い」「重い」は触覚、「酸っぱい」「甘い」「しょっぱい」は味覚、「くさい」「芳ばしい」は嗅覚といった具合に、形容詞の多くは感覚特徴を表す。

一方で、感覚と強く関わる動詞というと、「聞く」「見る」「感じる」「味わう」「嗅ぐ」あたりである。名詞なら、「音」「外見」「手触り」「味」「匂い」などであろうか。「走る」「食べる」「吠える」「知る」などの動詞は、五感のどれに関わるかというよりも、どんな出来事かを軸にしたことばである。「ネコ」「空気」「夢」「昨日」などの名詞も、どの感覚のことばかというよりは、対象がどんなものかに関心を持つことばである。

では、オノマトペはどうだろう？　いわゆる擬音語は、「ニャー」「パリーン」「カチャカチャ」のように聴覚情報を中心に表す。擬態語の中には、「ザラザラ」「ヌルッ」「チクリ」のように触覚情報を表していると思えるものもあれば、「スラリ」「ウネウネ」「ピョン」のように視覚情報に注目しているものもある。さらに、擬情語と呼ばれるオノマトペは、「ゾクッ」「ドキドキ」「ガッカリ」のように第六感とでもいうべき身体感覚や心的経験を表す。

多くの形容詞と同様、オノマトペは感覚のことばなのである。このことは、感覚的でない意味を表すオノマトペが想像しがたいことからもわかる。たとえば、「正義」「愛」「迷惑」といった名詞は特定の感覚によらない意味を表す。一方、これらの意味を表すオノマトペというのは、日本語でも他言語でもなかなか見つからない。これらの概念は、音で真似るには抽象的すぎるのであろう（オノマトペで表しやすい概念と表しにくい概念については、第5章で紹介する）。形容詞ならば、「正しい」「愛おしい」「迷惑な」のような語でこれらの概念を表すことができる。その意味で、オノマトペは形容詞よりもさらに感覚を中心に据えたことばと言えるかもしれない。

写し取っている記号？

先の定義によると、オノマトペは感覚イメージを「写し取る」ことばだという。しかし、ことばで「写し取る」とはどういうことなのだろうか？　このことを考える糸口として、オノマトペが万国共通に理解されるものなのかという問題から始めたい。写真やコピー機のようにイメージを写し取ってことばにするのなら、どの言語のオノマトペでも似通っているのではないだろうか。もしそうなら、知らない言語のオノマトペでも、意味がある程度予想できそうである。

次の五つの問題に答えてみてほしい。いずれも外国語のオノマトペに関する問題である。

①インドネシアのカンベラ語で「ンブトゥ」は物体が移動した際に立てる音を表す。どんな物体のどのような方向の移動だろうか？

②南米のパスタサ・ケチュア語で「リン」は物体を移動させる様子を表す。どんな場所にどんなふうに移動させる様子だろうか？

③中央アフリカのバヤ語で「ゲンゲレンゲ」は人の身体的特徴を表す。どんな特徴だろうか？

④南アフリカのツワナ語で「ニェディ」は物体の視覚的な様子を表す。どんな様子だろうか？

⑤韓国語で「オジルオジル」はある症状を表す。どんな症状だろうか？

答えは以下のとおり。①「ンブトゥ」は重いものが落ちた音、②「リン」は土、木、水、火などに差し込む様子、③「ゲンゲレンゲ」は痩せこけた様子、④「ニェディ」はきらめく様子、⑤「オジルオジル」はめまい。日本語ならそれぞれ、①「ボトッ／ドサッ」、②「スッ」、③「ゲッソリ」、④「キラキラ」、⑤「クラクラ」あたりが対応しそうである。とはいえ、②については、「スッ」は差し込む動きに限らないため、日本語には「リン」にちょうど対応するオノマトペがないということになろう。さて、読者のみなさんは何問正解できたろうか。

一般に、オノマトペはその言語の母語話者にはしっくりくる。まさに感覚経験を写し取っているように感じられる。ところが、非母語話者には必ずしもわかりやすいとは限らない。実際、日本語のオノマトペは、外国人留学生が日本語を学ぶ際の頭痛のタネになっている。「髪の毛のサラサラとツルツルはどう違うの？　全然わからない！」と彼らは言う。

感覚を写し取っているはずなのに、なぜ非母語話者には理解が難しいのか。「感覚を写し取る」というのはそもそもどういうことなのか。この問題は、オノマトペの性質を理解する上でとても重要である。同時にこれは、オノマトペの問題にとどまらず、アートをはじめとしたすべての表現媒体において問われる深い問いなのである。

オノマトペが感覚イメージを写し取ることについて、もう少し深く考えてみよう。対象を写し取るものとしてもっとも直接的で写実的なのは動画や写真だろう。しかし「感覚」は、外界にあるものではなく、表現者に内在するものである。

絵画はどうだろう。写真ほど忠実ではないが、やはり対象を写し取っていると言ってよいだろう。しかし、絵画で大事なのは、表現者の「感覚の表現」であり、多かれ少なかれ絵画の中に見えるものは、表現者の「主観的感覚」である。したがって絵画は、その抽象度において大きな差が生まれる。非常に細密に対象を切り取った具象的な絵画は、その対象が誰にでもよくわかる（もちろん、それだけではアートにはならず、どんなに具体的に描かれた対象でも、そこに表現者の「感覚」が表現されてはじめて「アート」であると言える）。他方、抽象絵画は表現者の内的な感覚の表現に重点が置かれ、特定の対象が同定できないこともよくある。

オノマトペは絵画のように「感覚イメージを写し取る」のであろうか？　オノマトペは、少なくとも当該言語の母語話者はそれぞれ意味を直感的に共有できるので、絵画でいうと、具体的な対象が同定できない抽象絵画よりは、具象絵画に近いだろう。ただし、絵画は原則、鑑賞者の使う言語や文化に関係なく受けとめられることを前提としているが、オノマトペは特定の言語の枠組みの中で理解される。

オノマトペは「アイコン」

アイコンはどうだろうか？　そう、コンピュータ画面でアプリやゴミ箱を示したり、街中でトイレや交番などの場所を示したり、メールやSNSなどのデジタルコミュニケーションで感情を伝えたりするための、アレである。

アイコンは、アート性よりは、わかりやすさを重視した記号と言ってよいだろう。ちなみに「アイコン」の語源はギリシア語の「エイコーン eikōn」（ラテン語では「イコン icon」）で、〈偶像、崇拝の対象となる像、象徴〉というような意味を持つ。「感覚イメージを写し取る」という観点からアイコンが興味深いのは、かなり抽象化しているのに、対象がわかりやすい点である。「☺」「(^^)」のような絵文字・顔文字（emoticon）も、かなりデフォルメされているにもかかわらず、笑顔であることが一目瞭然である。

実は、オノマトペが注目されている大きな理由は、まさにこの「アイコン性 iconicity」にある。アメリカの哲学者チャールズ・サンダース・パースは、「アイコン」ということばを「性質から対象を指示する記号」という特別な意味で用いた。嚙み砕くと、「表すものと表されるものの間に類似性のある記号」のことである。絵や絵文字は、それらを構成する点や線の組み合わせが対象物に似ているので、パースの意味でも「アイコン」である。ジェスチャーの多くもアイコンである。ステーキを食べるジェスチャーは、実際にナイフとフォークを持っていなくとも、ステーキを食べる動作に似ている。

この定義によれば、オノマトペはまさに「アイコン」である。表すもの（音形）と表されるもの（感覚イメージ）に類似性があると感じられる。日本語の母語話者であれば、「ニャー」というオノマトペはネコの声に似ていると感じる。音以外を表すオノマトペであっても、たとえば「ピカピカ」という音連続と明るい点滅は似ている気がするし、「ぶらり」という音形も気軽なお出かけにいかにも似合っているように感じられる。しかし、よくよく考えてみると、この「似ている」という感覚は、それ自体どこか曖昧で興味深い存在である。その感覚の出どころについては第2章と第5章で深く考えることにしよう。いずれにしても、音形が感覚にアイコン的につながっているという点で、オノマトペは「身体的」である。

オノマトペの写し取り方――アイコンと違う点

しかし、ここで、メールやSNSで使うアイコンや街中で見るアイコンと、少なくともパースの定義では「アイコン」とされるオノマトペがどのように違うのかもちょっと考えてみたい。アイコンは視覚的な対象を、視覚の媒体で表すのが普通である。「☺」という絵文字は笑顔という視覚情報を表す。私たちは、アイコンがもとの対象と「似ている」という感覚を持ち、その感覚からアイコンの指し示す対象が何かを認識できる。とくに漫画的な表現では、音や手触り、心情といった目に見えない要素までも比喩的に視覚化することが可能である。たとえば、「Σ(・□・;)」という顔文字では、心的なショックが「Σ」のギザギザで表されている。いずれの例においても、アイコンは視覚的な記号である。

他方、オノマトペが用いるのは視覚ではない。音声という聴覚的要素である。音と対象が「似ている」と感じることで、音から対象を認識し、イメージすることができる。しかし、視覚的なアイコンと違い、音では、対象となる事物の全体像は写しにくい。たとえば、アイコンでイヌやネコを表すときには、「」「」のようにその全身の形を写し取ることが可能である。一方、「ワンワン」や「ニャー」といったオノマトペは、イヌやネコの鳴き声を写し取ることはできるものの、これらの動物の全体の形を写し取ることはできない。「ギクッ」というオノマトペも、強い驚きを写してはいるものの、「Σ(・□・;)」という顔文字が表すような表情や汗といった要素までは写しきれていない。

つまり、視覚的アイコンは、一度に複数の要素を写し取ることができる。輪郭も写し取れる。そのため、物事の全体を、場合によってはその詳細まで写し取ることが可能となる。それに対し、音声で写すことができるのは、基本的に物事の一部分である。残りの部分については、「ワンワン」ならイヌ、「ニャー」ならネコ、「ギクッ」なら人に知られたくないことを知られた場面、というように連想で補うことになる（図1-1）。

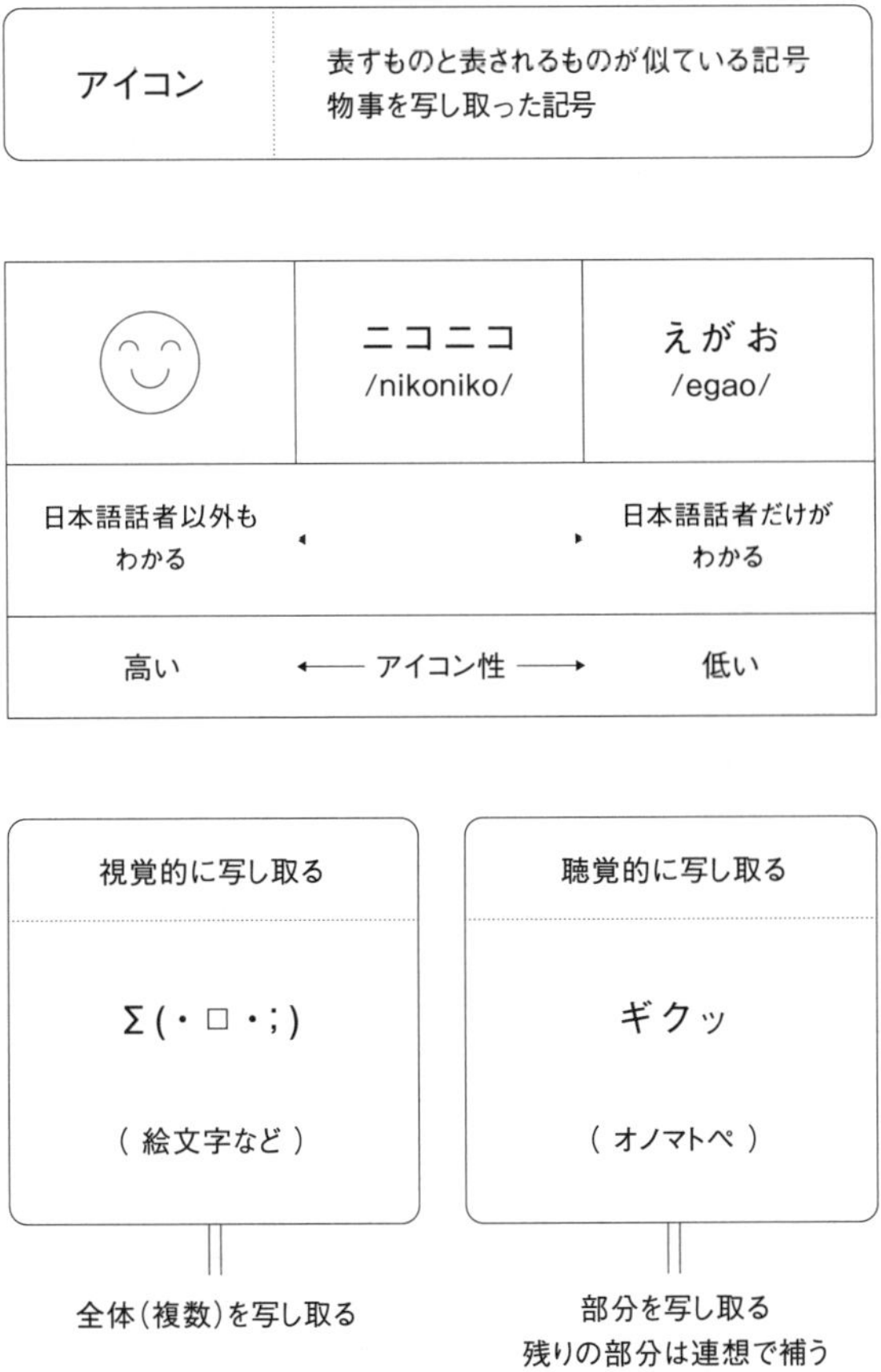
アイコン
表すものと表されるものが似ている記号
物事を写し取った記号
ニコニコ
/nikoniko/
えがお
/egao/
日本語話者以外も
わかる
日本語話者だけが
わかる
高い
アイコン性
低い
視覚的に写し取る
Σ(・□・;)
（絵文字など）
聴覚的に写し取る
ギクッ
（オノマトペ）
全体(複数)を写し取る
部分を写し取る
残りの部分は連想で補う

図1－1　アイコンとは

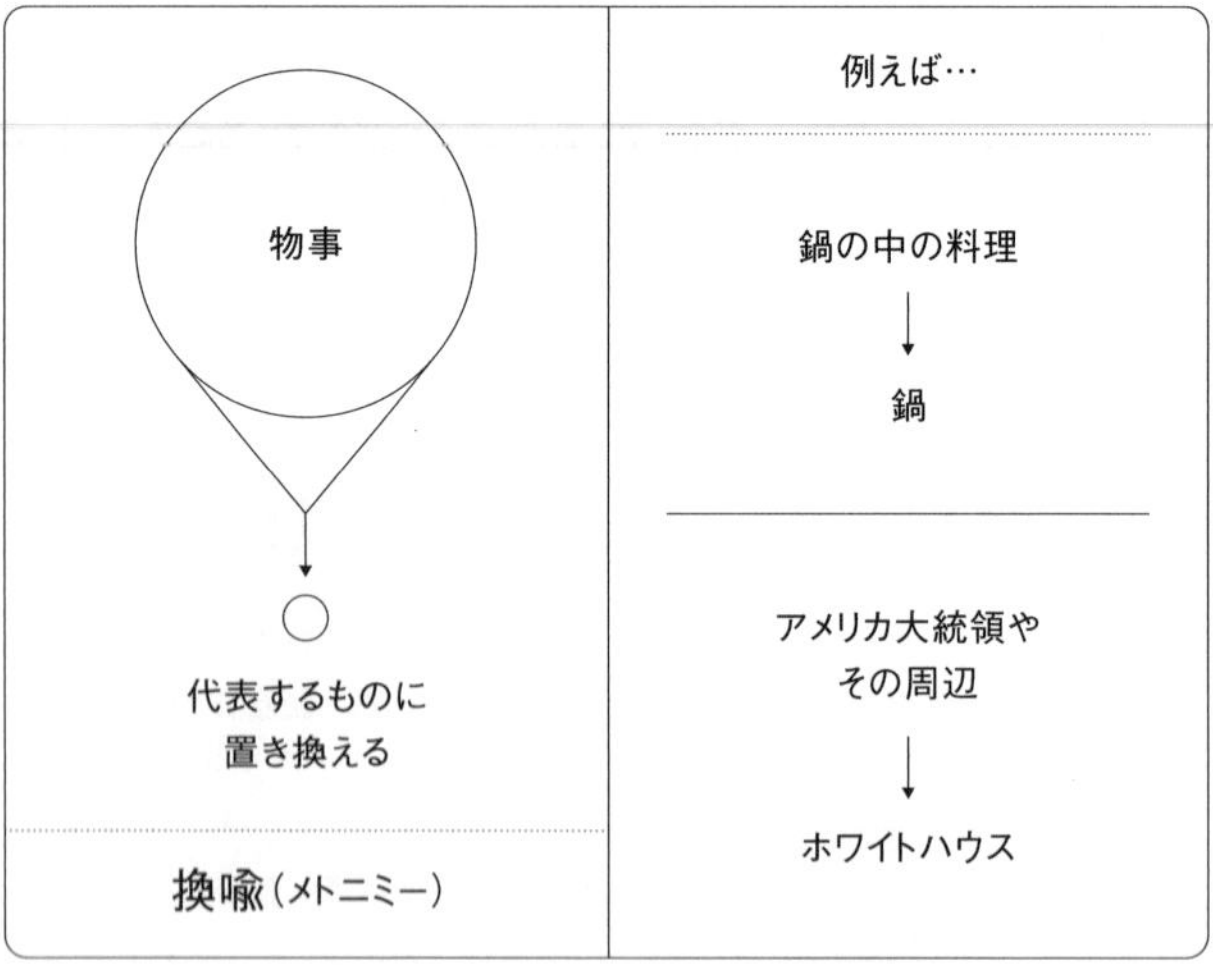

図1‐2　換喩(メトニミー)とは

このような連想は、「換喩(メトニミー)」と呼ばれる。国語の時間に詩の表現技法として習う概念である。換喩は、ある概念を、それと近い関係にある別の概念で捉える。「鍋が食べたい」といえば、料理を作るための器である鍋でもって、その中身の料理を指す(図1‐2)。「ワンワン」や「ニャー」も、イヌやネコを特徴づける鳴き声をヒントに、その鳴き声の主の情報を読み込む。「ギクッ」はやや抽象的であるが、驚いた拍子に体がわずかに動く様子(あるいは関節が鳴る音)を音で模すことで、その動きの原因となった気まずい驚きを換喩的に表している。換喩的思考ができるからこそ、人間の言語はオノマトペを発達させられると言ってもいいだろう。

さて、オノマトペが物事の一部分しか写せないのには、オノマトペの根本的性質が関わっているものと思われる。「オノマトペは言語である」という性質である。言語は、単語を組み合わせることでさまざまな物事を表す文・発話を構築する。絵文字・顔文字が物事の全体を詳細に写し取る場合には、「」や「Σ(・□・;)」のようにそれだけ複雑な形式が必要となる。同じことをオノマトペで行うとしたらどうだろう？

我々の声というのは、原則、一度に一つの音しか発することができない。したがって、複雑な形式を作る場合は「ニャー」や「ギクッ」のような音数では足りず、長ったらしい発話が必要となってしまうであろう。複雑で長いことばは覚えにくいだけでなく、コミュニケーションに支障をきたす恐れがある。言語の構成要素として効率のよい発話をするためには、オノマトペは簡潔である必要があるのである。簡潔であれば、写し取ることができる対象は限られる。オノマトペが物事の一部分しか真似ることができないのはそのためであろう。

同じことが手話についても言える。手話は絵文字などと同様、視覚的な媒体である。また、程度差はあるものの、パースの言う意味で「アイコン的」とされる。たとえば、日本手話で「雨」は、幽霊のようにした両手を、顔の前から胸のあたりまで2回下ろすことで表す。この手話は、雨の筋が多数であることと、その移動方向が上から下であることを写し取っている。

しかし、雨降りのシーンのすべてを写し取っているわけではない。空や地面、あるいは雨を防ぐための傘といった関連要素は換喩的な連想で補わなければならない。これは、現実的な単語の長さにくわえ、手や指の数、見分けられる手・指の向きや動きのパターン、表情などに限りがあるためである。このことは、「☔」が単一のアイコンで雨粒と傘の両方を写し取っていることと対照的である。手話は、音声言語と同様に自然言語である。ジェスチャーでも人工言語でもない。そのことが物事の写し取り方にも表れているのである。

まとめ

本章では、オノマトペとは何かについて概観した。言語学者はオノマトペを「感覚イメージを写し取る、特徴的な形式を持ち、新たに作り出せる語」と定義するが、その中でも、とくに「写し取る」という特徴が鍵である。オノマトペは基本的に物事の一部分を「アイコン的」に写し取り、残りの部分を換喩的な連想で補う点が、絵や絵文字などとは根本的に異なると指摘した。

次章では、本章でいくらか印象論的に述べてきたオノマトペの「アイコン性」を、より客観的かつ詳細に読み解いていく。オノマトペは、その「写し取る」という特性ゆえに、それを構成するあらゆる部品がアイコン性を帯びる。そこにはやはり、言語としてのオノマトペの特徴が浮かび上がってくる。

第2章　アイコン性――形式と意味の類似性

前章ではオノマトペが「アイコン的」であることを述べた。オノマトペは言語音で対象を模倣的に写し取る。しかし、絵文字のような視覚的アイコンと同等とは言えない。視覚的アイコンは、点や線という視覚媒体で情報を写し取る。物事の全体を写し取ることができ、それを好きなだけ複雑にできる。「☺」という絵文字のどの線が笑顔のどの部分を表すかは一目瞭然である。

では、オノマトペはどうだろう？　オノマトペは声という聴覚的媒体でさまざまな感覚情報を写し取ろうとする。そのアイコン性（類似性）はどのようにして成り立っているのだろう？　物事の一部分とアイコン的に対応するのは、オノマトペのどの要素なのか？

本章では、オノマトペのアイコン性の問題を掘り下げ、そこからさらに、その普遍性と個別性を考えていく。そうすることで、オノマトペがきわめて言語的であることが明らかとなる。

単語の形のアイコン性

第1章でも触れたように、オノマトペには特徴的な語形が多く見られる。「ドキドキ」「そろりそろり」「グングン」「ブーブー」のような重複形はその代表格である。オノマトペの語形はアイコン的である。「ドキドキ」は鼓動が繰り返し打つから「ドキ」を繰り返す。「そろりそろり」も複数の歩数進むから重複形を用いるのである。なお、日本語オノマトペの代表的な辞典である *Dictionary of Iconic Expressions in Japanese* を見てみると、1620語の収録語のうち571語（35%）がこの重複形である。

反対に、繰り返さないことで繰り返さない出来事を表すのも語形のアイコン性である。「ドキッ」「ドキン」「ドキリ」はいずれも一回の鼓動を表すし、「ブー」というのも一回きりの豚の鳴き声を表す。先ほどの辞書には、このような単一形が547語（34%）見つかる。重複形と同様に、日本語のオノマトペの中心的存在と言えよう。

重複形と単一形のアイコン性はわかりやすい。語形で時間の輪郭を写し取る。わかりやすいだけあって、他の言語のオノマトペにもたくさん例を見つけることができる。コンゴ民主共和国のルバ語では、心配して瞬きする様子を「カバカバ kabakaba」という。二つの「カバ」で複数回の瞬きを表している。「ヨロヨロ」に相当するバスク語の「トリンクリントリンクリン trinkulin-trinkulin」も、「トリンクリン」を繰り返すことで複数回のよろめきを表している。さらに、西オーストラリアのニュルニュル語では、一回の射撃を「バニ bany」、複数回の射撃を「バニバニ bany-bany」という。

音のアイコン性――清濁の音象徴

オノマトペのアイコン性は、それを構成する音にも認められる。音のアイコン性は「音象徴 sound symbolism」と呼ばれる。過去20年ほど国内外で研究が活発になり、その仕組みがかなり明らかになってきているが、まだわからないところもずいぶん残されている。

日本語のオノマトペはとりわけ整然とした音象徴の体系を持つ。すぐに思い浮かぶのは、いわゆる「清濁」（有声性）の音象徴だろう。「コロコロ」よりも「ゴロゴロ」は大きくて重い物体が転がる様子を写す。「サラサラ」よりも「ザラザラ」は荒くて不快な手触りを表す。さらに「トントン」よりも「ドンドン」は強い打撃が出す大きな音を写す。gやzやdのような濁音の子音は程度が大きいことを表し、マイナスのニュアンスが伴いやすい。

「コロ」や「ザラ」や「ド」（ないし「ドン」）のようなオノマトペの中核となる要素を語根というが、*Dictionary of Iconic Expressions in Japanese* から抽出できる５９８個の語根のうち、

３１１個（52％）が「コロ／ゴロ」のように語頭の清濁についてペアをなす。清濁は、日本語の音象徴の「軸」と言ってよいほどの重要性を持つのである。

日本語の音象徴における清濁の重要性は、それがオノマトペ以外でも見られることからもわかる。「子どもが遊ぶさま」の「さま」に対して、「ひどいざま」の「ざま」は軽蔑的な意味合いを持つ。「疲れ果てる」の「はてる」に対する「ばてる」にもぞんざいなニュアンスが伴う。

以前、あるテレビ番組で、癌《がん》を経験した女優の大空《おおぞら》眞弓《まゆみ》さんが、「「がん」じゃなくて「かん」と呼べばショックが少ないのに」というような話をしていた。これもまさに清濁の音象徴から来る感覚である。

ほかにも、「ブルドーザー」「バズーカ」「ゴジラ」「どんぶり」「仏壇」「ゾウ」「ブリ」はいずれも大きなものを表すが、日本語話者の耳には、いかにも濁音がぴったりと感じられるのではないだろうか。「プルトーサー」「パスーカ」「コシラ」「とんぷり」「ぷつたん」「そう」「ぷり」では、どこか物足りない。ゴキブリも「ゴキブリ」という名前のせいで、余計に嫌な生き物に見えているかもしれない。

清濁の音象徴は、ポケモン（ポケットモンスター）の名前研究でも報告されている。体長の長いポケモンや体重の重いポケモンに濁音が多いほか、進化が進むにつれて名前に濁音を持ちやすくなることがわかっている。たとえば、「ヒトカゲ」というポケモンは進化すると「リザード」に名前を変える。濁音が一つから二つに増えている。濁音と大きさ、重さ、強さの関係は、まさに「ゴロゴロ」で見た音象徴である。

続・音のアイコン性――その他の音象徴

音象徴はあらゆる子音・母音に宿る。たとえば、「のろのろ」「のたのた」「のそのそ」「のんびり」「にょろにょろ」「ぬるぬる」「ぬめぬめ」「ぬっ」「ねばねば」「ねちゃねちゃ」に共通する語頭のnという音はどんな意味を持つだろう？　nから始まるこれらのオノマトペからは、遅い動き、あるいは滑らかさや粘り気のある手触りという意味が取り出せそうである。同じくnから始まる「塗る」「練る」「舐める」のような動詞や、「滑らか」のような形容動詞にも共通する意味の傾向である。

母音「あ」と「い」はどうだろう？　「パン」と「ピン」はいずれも打撃を表すことができる。しかし、「パン」は平手で叩くような大きな打撃であるのに対し、「ピン」は人差し指で弾くような小さな打撃である。「パチャパチャ」と「ピチャピチャ」もよく似た出来事を表すが、動きの大きさや飛び散る水の量は「パチャパチャ」のほうが勝っている。さらに、「ガクガク」と「ギクギク」も比べてみよう。「ガクガク」は脚や大きな柱が大きく揺れる様子を表すのに対し、「ギクギク」は椅子などが小刻みに揺れる様子を表す。やはり「あ」は大きいイメージと、「い」は小さいイメージと結びつくようである。

このように、オノマトペを構成する子音と母音はそれぞれに何らかの意味と結びついている。では、このような音象徴は、どういった点が「アイコン的」なのであろうか？　子音や母音のどのような特徴が、大きさや滑らかさといった感覚情報と「似ている」と私たちに感じさせるのだろうか？

発音のアイコン性

まず、「あ」が大きいイメージと結びつき、「い」が小さいイメージと結びつくのはなぜか？　一つの理由は、これらの母音を発音（調音）する際の口腔《こうこう》の大きさである。「あーーいーーあーーいーー」と発音してみてほしい。「あ」よりも「い」を発音するときのほうが口の中の空間が小さいことがわかるだろう。「あ」では下顎《したあご》が大きく下がるのに対し、「い」では下顎が上がるとともに舌が前に出る。口内空間の大きさがイメージの大きさに対応するというのは、きわめてアイコン的でありわかりやすい。

実際、この音象徴については、オノマトペ以外でも、また日本語以外の言語でも広く確認されている。たとえば、「大きい」を表すことばには、日本語の「おおきい」のように

「お」や「あ」のような口を大きく開く母音が使われやすい。英語の「ラージ large」、フランス語の「グラン grand」、ハンガリー語の「ナージ nagy」など。

一方、「小さい」を表すことばには、日本語の「ちいさい」のように「い」という母音が含まれることが多い。英語の「ティーニー teeny」、フランス語の「プティ petit」、ハンガリー語の「キッィ kicsi」のように。

大きさの音象徴については、実験による検証も行われている。アメリカの人類学者で言語学者のエドワード・サピアは、今から１００年も前に「マル mal」と「ミル mil」のような新奇語をアメリカの英語話者などに提示し、大小二つの机のどちらの名前かと尋ねた。すると、70%以上の被験者が「マル」を大きい机、「ミル」を小さい机に結びつけたという。

発音の仕方がアイコン的であるのは、大きさの音象徴だけではない。たとえば、蠟燭《ろうそく》の火を消すときの「フーッ」というオノマトペは、明らかに口から空気をフーッと出す際の口の形を模している。「ニッ」というオノマトペも、ニッと笑うときの口の形を利用している。

さらに、日本語のオノマトペは、「コロコロ」「クルクル」「ポロポロ」「ヒラヒラ」「チュルチュル」というように、二つめの子音が r であるものが非常に多い。これらのオノマトペは、回転、落下、吸引などスムーズな動きを表すことが多い。日本語の r は、叩き音といって上顎に瞬間的に当てた舌先を前方に下ろす動きを伴う。この発音的特徴が動きの意味にアイコン的に結びついているのだろう。

角張っている阻害音、丸っこい共鳴音

音は、発音の仕方だけで物事を写し取るわけではない。その音が物理的（音響的）にどういう音なのか、あるいは人にどのように聞こえるかも大事である。たとえば、「ぬるぬる」や「ねばねば」のnが滑らかな手触りと結びつくのは、この音の物理的性質、「聞こえ方」が影響していると考えられる。

子音には大きく分けて「阻害音」と「共鳴音」の二種類がある。阻害音は角張っていて硬い響きの音、共鳴音は丸っこい柔らかい響きの音と考えるとよい。阻害音としてはp、t、k、s、b、d、g、zなど、共鳴音としてはm、n、y、r、wなどがある。子音が阻害音ばかりのオノマトペとしては「パタパタ」「カサカサ」「ゴトゴト」「ブチブチ」などが挙げられる。いかにも硬い響きである。一方、「ムニャムニャ」「ユラユラ」「リンリン」「ワンワン」は共鳴音ばかりの柔らかいオノマトペである。無意味な音連続でもいい。阻害音からなる「ザカド」「クシポチ」「テスッソ」は硬い響きを、共鳴音からなる「メレノ」「ヨヌルナ」「ワモンニ」は柔らかい響きを持つ。

これらの語を発音して口の中の空気の流れを感じてみてほしい。阻害音を含む「パタパ

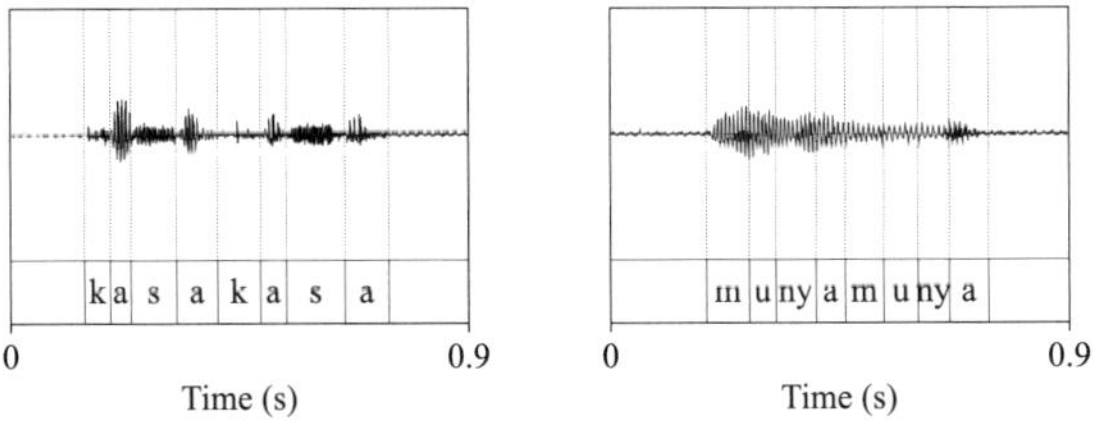

図２－１　**阻害音**（左：カサカサ）**と共鳴音**（右：ムニャムニャ）

タ」「カサカサ」「ザカド」「クシポチ」では、肺からの空気の流れが突発的ないし不規則的に変動する。一方、子音が共鳴音である「ムニャムニャ」「ユラユラ」「メレノ」「ヨヌルナ」では、空気の流れが滑らかである。

この違いは、呼気圧の変動を波形に取るとよくわかる（図２－１）。阻害音は周りの母音との違いがはっきりしているのに対し、共鳴音は母音と連続的につながっていることが見て取れる。これが阻害音は「角張っていて硬い音」、共鳴音は「丸っこくて柔らかい音」という感覚を生み出しているのであろう。

私たちはこれらの特徴を耳ないし口で感じ取り、それを視覚的ないし触覚的なイメージに結びつけているものと考えられる。阻害音が硬くて尖った感じがするのは気圧の変動が荒いからであり、共鳴音が柔らかくて滑らかな感じがするのはそれがなだらかだからだ。「ぬるぬる」「ねばねば」のnは共鳴音である。これらのオノマトペが滑らかさを表す理由もここにあるのであろう。

阻害音と共鳴音の音象徴もまた、オノマトペ以外でも確認され

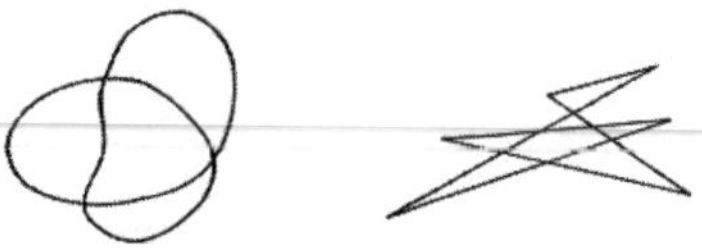

図2－2　マルマとタケテ

ている。たとえば、日本語の「かたい」という形容詞はいかにも硬く、「やわらかい」という形容詞はいかにも柔らかく感じられる。「かたい」はk、tという阻害音を、「やわらかい」はy、w、rという共鳴音を含んでいる。そのため、日本語を知らない外国人に「どちらがsoftでどちらがhard?」と聞くと、多くの人が正解する。同じ理由で、「とがる」「かくばる」「カクカク」「ギザギザ」なども「硬いことば」と言える。「なめらか」「なだらか」「ゆるやか」などは「柔らかいことば」である。いずれもことばを構成する音そのものがアイコン的である。

まさに鉄板の音象徴とされる音と意味のつながりがある。これは100年近く前にドイツの有名な心理学者ヴォルフガング・ケーラーによって世に出された。図2－2を見てほしい。どちらかの図形の名前が「マルマ maluma」でどちらかが「タケテ takete」だとしたら、マルマはどっちでタケテはどっちだろうか？

このように問うと、多くの言語の多くの話者は、左側の曲線的な図形を「マルマ」、右側の尖った図形を「タケテ」だと判断する。「マルマ」はm、l、mという共鳴音を含むので、丸い形によく合うと感じられ、「タケテ」はt、k、tという阻害音を含むので直線的で角張った図形と合致すると感じられるのだろう。

先に見た大きさの音象徴（「あ」は大きい、「い」は小さい）も、先ほどは、口腔のサイズという観点から説明したが、音そのものの物理的特徴からの説明も可能である。今度は囁《ささや》き声で「あーーいーーあーーいーー」と言ってみてほしい。おそらく「い」のほうが高い音に聞こえるのではないだろうか？　囁き声で確かめることができるのは、第2フォルマントと呼ばれる周波数の山である。「い」は「あ」よりもこの周波数が高い。

音の高さとモノの大きさの関係を考えてみよう。自然物であれ人工物であれ、小さな物体は高い音を、大きな物体は低い音を出す傾向にある。ヒヨコとゾウの鳴き声、あるいはハンドベルと教会の鐘の音色を比べてみてほしい。「あ」が大きくて「い」が小さい印象を与える背景には、口内空間の大きさだけでなく、この一般的な音の高さと音源の相関があるのであろう。

なお、清濁の音象徴についても、二つのアプローチから説明が可能である。発音の特徴としては、「サラサラ」のような清音よりも「ザラザラ」のような濁音のほうが、口腔がわずかに大きくなるという。音声そのものの特徴としては、清音よりも濁音のほうが呼気圧の変動が大きく、周波数が低い。いずれの特徴も、清音に小さく弱いイメージが、濁音に大きく強いイメージが宿る理由となりそうである。また、大きなものは重い傾向にある。さらに、大きすぎたり強すぎたりすることは、一般に好ましくない。濁音が持つさまざまなイメージには、こういった換喩的連想が関わっているものと思われる。

赤ちゃんにもわかる音象徴

母音と大きさの関係には、発音の特徴にも音そのものの特徴にも、はっきりとしたアイコン性を見出せる。おそらくはこうした支えのおかげで、大きさの音象徴は赤ちゃんですら感じることができるようだ。

チリで行われた実験の対象は、スペイン語環境で育つ生後平均4か月の赤ちゃんだった。親の膝の上に座らせた赤ちゃんに、「リ」「ロ」「フィ」「フォ」「ディ」「ド」といったさまざまな音声を聴かせ、各音と同時にコンピュータスクリーン上に二つの図形を提示した。図形は丸、楕円、四角、三角のどれかだった。各回に提示する二つの図形はサイズのみが異なる同じ図形とした。

赤ちゃんの視線を計測した結果、iを含む音声よりもoを含む音声を聴いたときのほうが、大きいほうの図形を長く見ることがわかった。同様に、eよりもaを含む音声を聴いたときのほうが、大きい図形を長く見たという。口の開きが大きく第2フォルマントが低いo、a

と大きな図形を結びつけ、口の開きが小さく第2フォルマントが高いi、eと小さな図形を結びつけたわけである。この結果は、言語経験がほとんどない赤ちゃんですら、母音と大きさの関係性に気づいていることを示している。

難聴者の音象徴感覚

興味深いことに、音象徴の感覚は難聴者の大学生たちにも共有されうることが、筆者らの実験でわかった。調べたのは図形の音象徴である。「マルマ」「タケテ」のほか、「ブーバ」「モマ」「キキ」「キピ」などさまざまな単語を用意した。それらを紙にカタカナで提示し、それぞれの単語が丸っこい図形と合うか、合わないか、どちらとも言えないかを尋ねた。尖った図形についても同様の三択を採用した。その結果、驚くことに、難聴者たちは聴者の大学生とほぼ同じように音象徴的な結びつけを行うことができた。「マルマ」は丸っこい、「タケテ」は尖っているといった具合である。

難聴者たちは、日本語の音声の発音の仕方については訓練を受けている。そのため、各語の発音を自分で試してみることが可能である。したがって、難聴者たちが音象徴を感知する際にまず用いていると考えられるのは、発音のアイコン性である。「マルマ」や「タケテ」を発音する際の口腔、唇、舌の形、あるいは気流の触感をヒントに、図形との結びつけを行っているのであろう。

とはいえ、難聴者の多くは補聴器や人工内耳の使用により聴覚的な経験も持っている。そのため、各音声そのものの物理的特徴から聴覚印象を得ることで音象徴を感じている可能性もある。

そこで次に、発音のシミュレーションをしにくくすることで、音象徴を感じにくくなるかどうかを調べてみた。被験者は、先ほどとは別の難聴者および聴者であった。被験者はスプーンの窪《くぼ》んだ部分を舌に載せ口を閉じた状態で、先ほどと同じ音象徴実験に参加した。この状態では、各音の発音を試してみるのはきわめて困難である。その結果、「マルマ」のような共鳴音を丸っこい形に結びつける音象徴の感覚が、難聴者・聴者ともに弱まった。ただ、その弱まり具合は、難聴者においてとくに顕著であった。

この結果から、難聴者は各音の発音の仕方を大きな頼りとして音象徴を見出すものと考えられる。発音のアイコン性によって音から意味が取り出せることを示す重要な結果である。

発音の仕方でアイコン性を高める

第1章で述べたように、絵や絵文字は必ずしもシンプルでなくてよい。点や線を描き足したり色を工夫したりすることで描写を精密にすることが可能である。一方、言語であるオノマトペや手話の単語は、ある程度シンプルでなくてはならない。複雑すぎる単語は覚えられないし、長ったらしい表現は円滑なコミュニケーションの妨げになる。シンプルでなくてはならないがゆえに、オノマトペや手話がアイコン的に写し取れるのは、音や動きなど物事の一部分であった。

その一方で、オノマトペや手話も発音を工夫することで、その部分的な描写をいくらか写実的にしてやることは可能である。以下は、NHKの『課外授業　ようこそ先輩』におけるベテランお天気キャスター森田正光《もりたまさみつ》氏の授業の一コマである。愛知県の小学校で伊勢湾台風の様子を話しているところだ。

> 夜中にねぇ、急に風が強くて、前の家の、トタンだとかトタン屋根とかね瓦がね、パァーーーッと飛ぶんだよ。ほら見てると。人間もねぇ、だいたいねぇ、君たちだと25メートルぐらいから飛ばされる。ほんとだよ、25メートルだとクァーーなっちゃう。ね、ほんで、40メートルぐらい、40から50メートルになると、車がファーーッと飛ぶ。

森田氏は三つのオノマトペを使っている。いずれも「ア」の母音を延ばしているが、それだけではない。「パァーーーッ」と「クァーー」については、ほかの部分よりも高めに、そして力強く発音されている。台風の強さを写しているのだろう。また、三つのオノマトペは、いずれも実際にはこれらの仮名では表しきれないような子音・母音で発音されている。「パァーーーッ」の「ア」は、英語の cat のように「エ」と「ア」の間に当たる æ の音で発音されている。一方、「クァーーー」の「ア」は、英語の cut のように「ア」と「オ」の間の ʌ の音で発音されている。さらに、「ファーーッ」は、力が抜けたような声になっており、重いはずの車が軽々と宙に浮く様子がうまく写し取られている。「ファ ɸa」なのか「ブァ bua」なのか「ワ wa」なのか、聞き分けられないような微妙かつ絶妙な音である。

中間的な発音以外にも、オノマトペを囁いてみたり、力んだ声で言ってみたり、あるいは裏声で言ってみたり、さらに、速く言ってみたりゆっくり言ってみたりすることで、微妙なニュアンスを込めることがある。たとえば、「ヒラッ」と花びらが舞う様子を表す場合、このオノマトペを囁いて一瞬で発音すれば、花びらの軽さや儚《はかな》さが、地声の場合よりもうまく表現できそうである。

手話でも、物事の度合いや回数を、表情や手の動かし方で段階的に写し分けることがある。いずれも物事の部分的な描写ではあるものの、アイコン的な写実性を向上させようとする試みは、絵や絵文字に通ずるものである。

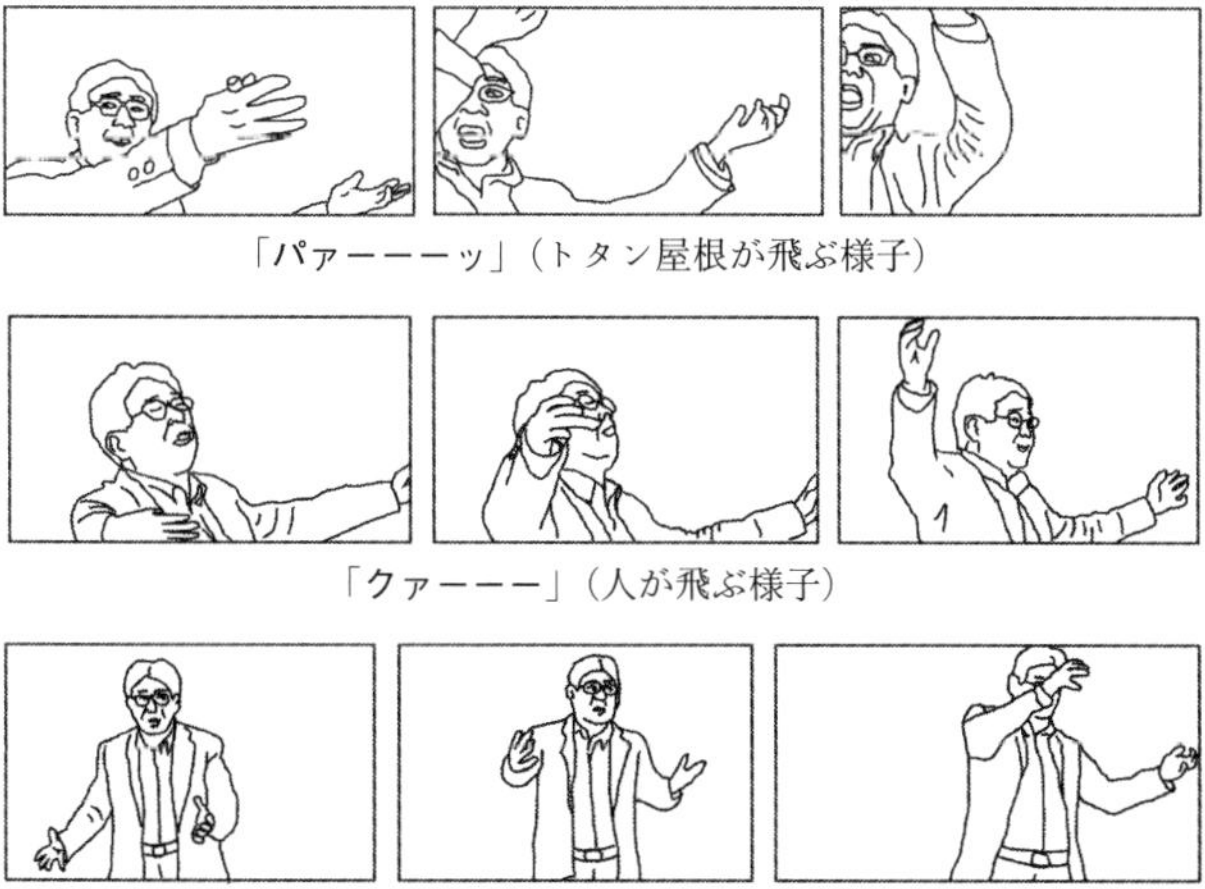

「パァーーーッ」（トタン屋根が飛ぶ様子）

「クァーーー」（人が飛ぶ様子）

「ファーーッ」（車が宙に浮く様子）

図2－3　**オノマトペとジェスチャーの同期**

ジェスチャーでアイコン性を高める

オノマトペ使用の際のアイコン性の増強は、発音の工夫だけにとどまらない。オノマトペの実際の使用場面を観察すると、かなりの確率でジェスチャーが伴うのである。ジェスチャーは視覚的媒体であるという点で、声であるオノマトペとは異なる。しかし、物事の一部をアイコン的に写し取ろうとする点はオノマトペと共通である。オノマトペとジェスチャーは、組み合わさることで物事の描写を精密化する働きを持つ。

　オノマトペとジェスチャーの同期は、先ほどの授業の一節にもはっきりと見られる。図2－3は三つのオノマトペの発話の様子である。

「クァーーー」の例では、森田氏自身が風

で飛ばされる人を演じている。一方、「パァーーーッ」と「ファーーッ」では、ものを両手で抱えて投げるようなジェスチャーにより、それぞれトタン屋根と車が吹き飛ばされる様子が表されている。両ジェスチャーの特徴から、トタン屋根は勢いよく、車は意外なほどに軽く浮き上がったことが読み取れる。

さらに、図2-3では、オノマトペの発話に表情の大きな変化が伴っていることがわかる。トタン屋根が飛ばされる様子を表す「パァーーーッ」では、目と口を大きく開くことで、台風の恐ろしさと驚きが見事な臨場感で表現されている。一方、人が飛ばされる様子を表す「クァーーー」では、目を閉じることで、なすすべなく風に運ばれる場面がわかりやすく再現されている。こうした顔の表情も、しばしばアイコン的なジェスチャーの一部としてオノマトペに同期する。

このように、オノマトペとは聴覚を軸としながらも、ジェスチャーという視覚的媒体と対をなす、マルチモーダル（多手段的）なコミュニケーション手段なのである。このマルチモーダル性は、オノマトペを絵や絵文字よりもむしろ音声つきのアニメーションに近づける。

オノマトペの脳活動

今度はオノマトペのアイコン性を脳活動から考えてみよう。単語の音や意味の処理はおも

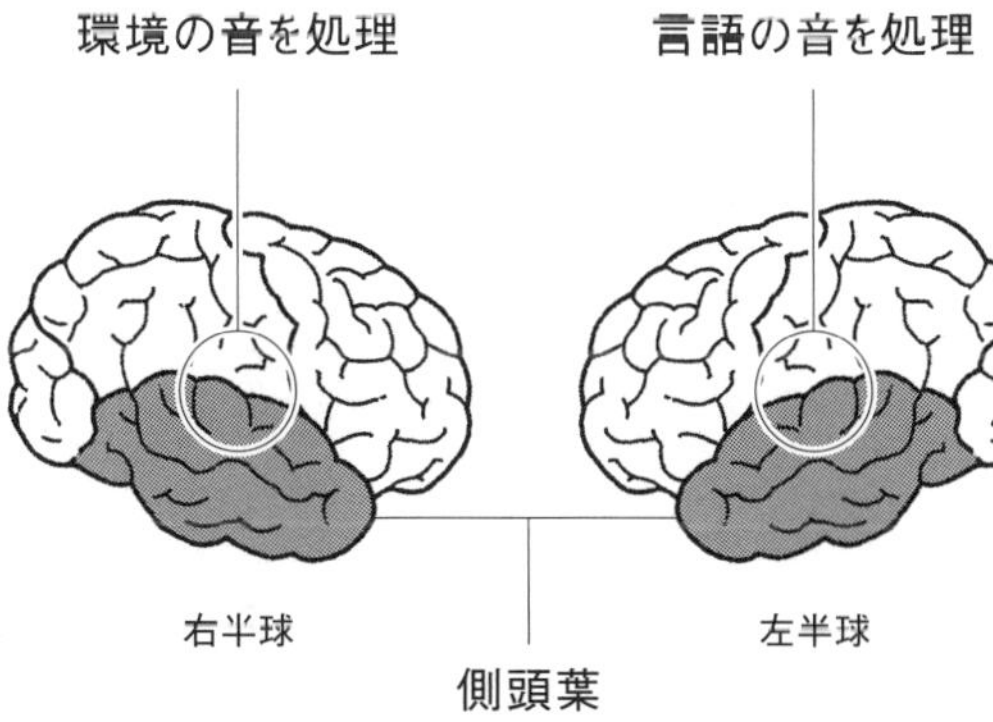

図2－4　ヒトの脳

に脳の左半球が担うことはよく知られている。オノマトペは普通のことばと同じように脳で処理されるのだろうか？　それとも、そのアイコン性ゆえに、違う処理がなされるのだろうか？

音の処理は側頭葉の上側頭溝周辺が大事な役割を担う。言語の音の処理は左半球側、環境の音は右半球側の上側頭溝という役割分担があることもわかっている（図2－4）。オノマトペは、言語でありながら、音真似のように音や動きを写し取ることばである。ということは、オノマトペは言語音と環境音の処理が並行して行われるのではないか。筆者（今井）はそのように考え、脳機能イメージングの手法を使ってオノマトペと一般語の情報処理のされ方の違いを調べた。

　具体的にはｆＭＲＩと言われる高磁場で脳の血流のヘモグロビン量を測定し、脳のどの部分が認知処理を行っているかを測る方法を用いた。実験参加者は寝た状態で高磁場のカプセルの中に入り、提示された刺激を見た。刺激は、さまざまな歩き方で歩いている動画と、動画中の人が行う行為を表すことばである。胸を張って大股に歩く動画について、①その動作に合うオノマトペ「ずんずん」、②動作に合わないオノマトペ「ちょこちょこ」、③動作に適合するがオノマトペではない副詞「速く」、④動作に適合しない副詞「ゆっくり」、⑤動作を正しく表す動詞「歩く」、⑥動作に適合しない動詞「這う」の六つの条件が設けられた。

　実験参加者は動作とことばの視覚刺激を見ながら、ことばが動作に合っているか否かをボタンで選び、そのときの脳の反応が測定された。動作に適合した一般動詞と副詞の場合には左半球の上側頭溝の活動が顕著だった。他方、動作に適合したオノマトペの場合には、一般動詞、副詞の場合と異なり、右半球の上側頭溝の強い活動が認められた。この場合、左半球の活動がないということではなく、左右半球どちらも活動したが、相対的に右半球の上側頭溝の活動が顕著だったのである。動作に合わないことばの場合には、脳の活動レベルが低かった。

　すなわち、オノマトペは外界の感覚情報を音でアイコン的に表現するが、そのとき、脳はその音を、環境音と言語音として二重処理するのである。この二重性は、脳がオノマトペを言語記号として認識すると同時に、ジェスチャーのような、言語記号ではないアイコン的要素としても認識していることを示唆している。オノマトペは環境音というアナログな非言語の音の処理とデジタルな言語の音処理をつなぐことばであるとも言える。その意味で、オノマトペは環境音と言語の両方の側面を持つことばであると言えよう。

音象徴の言語個別性

いくつかの音象徴はその身体を基盤としたアイコン性ゆえに、日本語と英語のように系統的に関係のない言語（の話者）にも共通して見られる。「マル／ミル」のように母音で大きさを写す音象徴や、「マルマ／タケテ」のように子音で形を写す音象徴はそのような例であった。発音の仕方であれ音そのものの特徴であれ、対象との間に明確な類似性が見出せるからこそ、さまざまな言語で共有されるのである。

ところが、完全に万国共通な音と意味のつながりというのは、今日に至るまで報告がない。地球上には6000以上もの言語が存在する。そのため、どんなに明確なアイコン性を持つ音象徴にも例外が見つかるのである。

たとえば、韓国語では「チャグンヂャグン」よりも「チグンヂグン」というオノマトペのほうが強く大きく踏む様子を表すという。ネコの鳴き声についても、日本語の「ニャー」、英語の「ミアウ meow」、韓国語の「ヤオン」というオノマトペは、鼻音（呼気が鼻に抜ける子音 n、m、ng など）を含んでいるなど、似てはいるものの、まったく同じわけではない。さらに、「マルマ／タケテ」実験でも、すべての被験者が同じ回答をするわけではない。

それでは、音象徴の多様性はどのようにして生まれるのだろうか？

日本語の音韻体系——ハ行、バ行、パ行

音象徴に言語間で差が生じる大きな理由は、音韻体系の言語差である。たとえば、日本語は s と θ の区別も æ と ʌ の区別もしないので、sad（悲しい）も thud（ドサッという音）も「サッド」だ。b と v も、l と r も区別しないので、belly も very も「ベリー」となる。したがって、英語のオノマトペでなら詳細に写し分けられる物事を、日本語のオノマトペでは写し分けられないという状況がありうる。たとえば、英語の漫画で使われる brrr は震えを、vrrr は車のエンジン音を写す。日本語ではいずれも「ブルルル」と音訳されることになるため、それぞれの微妙なニュアンスは表しきれない。

とはいえ、日本語ばかりが音の区別が大雑把というわけではない。たとえば、日本語では「カ／ガ」「タ／ダ」「サ／ザ」といった清濁の区別を体系的に行う。しかし、世界の言語の

約30％は清濁の対立をまったく持たないという。たとえば、アイヌ語にはp、t、k、sはあるが、b、d、g、zはない。日本語のオノマトペでは写し分けられる「サラサラ」と「ザラザラ」のような違いを、アイヌ語のオノマトペでは写し分けられないようだ。

この文脈において日本語のハ行は特筆に値する。当然のように、ハ行がバ行およびパ行と三つ組みの対比関係にあると思っている。日本語話者は、実際、何かが落ちる様子を表す「ハラハラ」「バラバラ」「パラパラ」や、喋り方などを表す「ヘラヘラ」「ベラベラ」「ペラペラ」、軽く出かけるさまを表す「フラリ」「ブラリ」「プラリ」は微妙なニュアンスを表し分ける。目的のなさが強いのは「フラリ」、のんびり楽しむ感じが強いのは「ブラリ」、ややいい加減な感じがするのは「プラリ」。

しかし、音声学的に見てみると、ハ行のhとバ行のbの関係は、バ行のbとパ行のpの関係とはかなり異なっている。bとpはともにいったん唇が閉じる音で、濁っているか濁っていないかの違いである。発音しながら喉に触れればわかるように、これは声帯が震えるか否か（有声か無声か）の違いである。一方、hは肺からの呼気を唇で堰《せ》き止めないで、口の外へと出す音である。

日本語において、hがb、pと対立することには歴史的な背景がある。ハ行はかつてはパ行で発音されていたとされる。沖縄の一部などにはこの発音が今も残っており、「花」を

「パナ」と発音する。時を経て、唇をいったん閉じるpの発音が弱まり、奈良時代には「ふぁふぃふふぇふぉ」の子音ɸとなった。この子音は唇を丸めはするものの、閉じることはない。さらに、江戸時代には唇の丸まりが取れ、「はひふへほ」とhの音になった（ただし「ふ」はɸuのまま現代まで受け継がれている）。

　ハ行、バ行、パ行の三項対立はこうした歴史的変化の産物なのである。よって、「フラリ」「ブラリ」「プラリ」において、「フ」「ブ」「プ」の音が微妙なニュアンスの違いを生み、意味を対立させているのも、日本語特有の歴史の産物であり、決して世界共通ではないのだ。実際、英語では、「ビープ beep」は電子機器などのピーという音を、「ピープ peep」は小鳥などのピーという声を表す。いずれも擬音語である。しかし、「ヒープ heep」という語は存在しない。バスク語でも、「ブルンバトゥ bulunbatu」は水がパシャッと跳ねる様子を、「プルンパトゥ pulunpatu」は水にドボンと飛び込む様子を表すが、「フルンハトゥ hulunhatu」というオノマトペは見当たらない。

　歴史の産物はタ行の音象徴にも見つけられる。ヘボン式のローマ字で書き分けられるように、現代日本語のタ行は「たてと ta te to」と「ち chi」と「つ tsu」で異なる子音を用いている。いずれの音も舌の先のほうが上顎に触れるが、触れる位置は「たてと」のtや「つ」のtsよりも「ち」のchのほうが後ろである。さらに、tsとchでは舌先と上顎の間に空気の摩擦が生じる。タ行は、奈良時代には「たてぃとぅてとta ti tu te to」といずれもtで発音されていたとされる。その後、イ段とウ段で音変化が生じたことにより「ち」と「つ」となった。

しかし、「た」「ち」「つ」「て」「と」には、同じタ行の成員として共通の音象徴が見られる。たとえば、「カタカタ」「コトコト」「カチカチ」「コツコツ」は、いずれもカ行音とタ行音が並んだオノマトペである。そして、どのオノマトペも硬いモノ同士の衝突音を写す。つまり、「カタカタ」と「コトコト」のtと、「カチカチ」のchおよび「コツコツ」のtsが、同じ意味と結びついていることになる。

これが日本語ならではの音象徴であることは、他言語と比較すればわかる。たとえば、英語で「ティター titter」は忍び笑い、「チター chitter」は鳥のさえずりという別々の音を写す。tとchが異なる音象徴的意味を持っているのである。

このように、音象徴における音の使われ方、とくに音の対比のされ方には、言語の間で多様性がある。このことは、音象徴が言語現象であることを如実に示している。音象徴が言語音から生じる以上、各言語の音韻体系に制約されているのは当然なのだ。

この性質は、オノマトペの音象徴ではとくに強い可能性がある。オノマトペがどれだけ体系的に発達しているか自体が言語により大きく異なるためである。日本語や韓国語のようにオノマトペが高度に発達した言語では、オノマトペの音象徴体系も独自に発展している。日本語におけるハ行、バ行、パ行の三項対立はそうした例である。

韓国語とポーランド語の音韻体系

先に見た韓国語の例外的な母音象徴も同様に捉えられる。「チャグンチャグン」よりも「チグンチグン」が強く大きい足踏みを表すという例だ。韓国では「陰陽」という東洋思想の対立が伝統的に根付いており、「陽」と「陰」という概念の対立が、韓国語の「陽母音」と「陰母音」の対立にも反映されている。オノマトペにおいて、「陽母音」は〈明るい、小さい、軽い〉、「陰母音」は〈暗い、大きい、重い〉といった概念と結びつく。aは陽母音、iは陰母音である。「チャグンチャグン」よりも「チグンチグン」が大きい足踏みを表す原因は、この独特な音象徴体系にあるのである。

ポーランド語やチェコ語などのスラブ系言語には日本語にはない子音や母音がいくつかあり、しかも子音を二つ、ときには三つ、母音を挟むことなしに重ねる。大作曲家で「愛の夢」などの多くの名曲を残したフランツ・リストが、同時代の、「ピアノの詩人」と評されるフレデリック・ショパンの死後、彼を追悼するために書いた本がある。この本はショパンの功績を称えることにとどまらず、ショパンという、人類の宝と言える芸術家を生み出した背景を細かく分析している素晴らしいショパン論であり、芸術論であり、熟達論である。この本の中でリストはポーランド語の音象徴について興味深い記述をしている（八隈裕樹訳）。

ポーランド語では、多くの言葉が、その意味するものの音に似せて作られている。〈CH〉、〈SZ〉、〈RZ〉、〈CZ〉といった恐ろしげな文字が何度も並んでいても、その響きには少しも野蛮なところがない。これらは実際にはフ、シュ、ジュ、チュというように発音されて、様々な物事の音を真似るうえで大いに役立っている。なかでも、〈音〉を意味する〈DŹWIĘK（ヂヴィエンク）〉という言葉は、その特徴的な例といえる。音叉《おんさ》の音色が耳に残るときの感触をこれほど見事に再現する言葉というのは、探してもそう簡単には見つけられないだろう。複雑に連なる子音は、ときには金属音のように、ときには虫の翅音《はねおと》や、蛇の吐息や、雷鳴のように、多様な響きを生み出していく。そこに多くの母音や複母音が織り交ぜられ、時折、わずかに鼻にかかったような音も聞かせる。たとえば、〈A〉と〈E〉は、セディーユを伴って〈Ą〉と〈Ę〉のように書かれると、オンやエンという発音になる。また、〈E〉（エ）はときに〈C〉（ツェ）のようにきわめて柔らかく発音され、〈Ś〉（エシ）にいたってはほとんど鳥のさえずりのようである。

〈DŹWIĘK〉ということばは、ポーランド語ならではの〈DŹW〉(ヂヴ)という子音の連なりと、〈Ę〉(エン)という鼻にかかった母音を含んでいる。この言語は、これらの独特な音を駆使することで音叉の微妙な音色を写す。これらの音を活用しない日本語や英語には成し遂げられない音象徴である。

他言語のオノマトペは理解可能か

オノマトペの音象徴には、「い＝小さい」のように多くの言語で共通のものもあれば、「い＝大きい」のように特定の言語にしか見られないものもある。ここから予測されるのは、母語話者には自然に思えるオノマトペが、他言語の話者には共有されたりされなかったりするという状況である。私たちは第1章ですでにこれを体験している。ツワナ語の「ニェディ」がきらめく様子を表す、というのは日本語話者にはとっさに受け入れにくい。

日本語のオノマトペについても、いくつかの実験で関連する結果が得られている。たとえば、ある研究では、「アハハ」「フフフ」「ケラケラ」「クスクス」のような笑い声を表す擬音語と、「ブラブラ」「ノッシノッシ」「スタスタ」「ヨロヨロ」のような歩き方を表す擬態語の意味が、日本語を知らない英語話者にどのくらい推測可能かを調べた。それぞれのオノマトペについて、〈快↕不快〉〈継続的↕瞬間的〉〈うるさい↕静か〉〈速い↕遅い〉〈男性的↕女性的〉といった意味尺度を提示し、それぞれ七段階で評定させるという実験である。その結果、「ゲラゲラ」や「ケタケタ」に見られるeの否定的印象や、「ウフフ」や「クスクス」に見られるuの女性性や優美さについては、日本語話者と英語話者の評定が大きく異なった。また、「シャナリシャナリ」や「カツカツ」に見られる清音と女性的でかしこまった歩き方との結びつきについても、英語話者は推測できなかった。

これらの結果が得られた原因は、まさに音象徴の言語差である。日本語のオノマトペにおいてeにマイナスの意味が宿るのは、この母音を持つオノマトペが他の母音よりもかなり少ないためとされる。uや清音が持つ女性性などについては、どのような笑い方、歩き方が上品かというような文化的な事情が関与しているものと思われる。「シャナリシャナリ」は着物姿、「カツカツ」はハイヒールと強く結びつくために女性性を喚起するのであろう。これらの音象徴は日本文化に深く根差した感覚であるため、英語話者が想像できなかったのは無理もない。

音象徴の使い方は言語間で異なるのか

ここまでの話で、音象徴の感じ方が言語によって異なることはわかった。私たちは聞き手として、ある音があるイメージに合うという感覚を直感として持っている。一方で、私たちは話し手として、特定の場面に合うオノマトペを作り出すということも日々行っている。自ら積極的に音象徴を用いているのである。では、そうした音象徴の作り方・使い方は、やはり言語間で似ていたり、違っていたりするのだろうか？

この問題に答えるため、筆者たちの研究チームは一つの実験を行った。まず70本の短いビデオを作成し、それを日英語話者に見せ、それぞれの動きに直感的に合う二文字（二拍）の語を編み出してもらった。「ホピ」や「レソ」のような語である。加えて、それぞれの動きの特徴を数値化するため、各ビデオに対し〈大きい↕小さい〉〈速い↕遅い〉〈重い↕軽い〉〈元気がある↕元気がない〉〈規則的↕不規則的〉という五つの尺度で評定も求めた。

その結果、遅くて元気のない動きに対して「ムヌ」「メディ」のように「有声子音」という音で始まる名前をつける傾向が、両言語の話者に共通して見られた。有声子音とは、声帯が震える子音のことで、濁音（例：b、d、g、z）および共鳴音の子音（例：m、n、w、l、r、y）を指す。また、この結びつきは、日本語話者においてとりわけ強かった。

こうした結果が得られた理由としては、清濁の音象徴が音声学的な基盤を持ちつつも、日本語固有の特徴を帯びている点が挙げられよう。濁音についてすでに触れたように、有声子音は呼気圧変動が大きい、口腔が広がる、周波数が比較的低いといった特徴を持つ。そのため〈大きさ〉という視覚イメージと相性がよく、そこから〈遅さ〉や〈元気のなさ〉に結びつくと考えられる。このアイコン性は日英語話者ともに感じられるようである。

一方、日本語には清濁の音象徴体系が強固に確立しているため、この音象徴がとりわけ強く利用されたのであろう。英語では、「コロコロ／ゴロゴロ」や「サラサラ／ザラザラ」のようなペアは皆無に近い。先に挙げた「ピープ peep」と「ビープ beep」、あるいはヨチヨチ歩きを表す「トター totter」とヨロヨロ歩きを表す「ドダー dodder」が、わずかな類例と言える。むしろ、母音を対立させるペアが多い。金属音を表す「ジングル／ジャングル jingle/jangle」、切断の音を表す「スニップ／スナップ snip/snap」、硬いもの同士の接触音などを表す「クリック／クラック click/clack」のような例である。

このように、音象徴を強制的に活用させる実験からも音象徴の普遍性と言語個別性をうかがい知ることができた。音象徴、そしてオノマトペには、言語の差を越えて感知できるアイコン性と、各言語にチューニングされて、その言語の話者だからこそ強く感じられるアイコン性が共在するのである。

音象徴を自ら利用してオノマトペを作り出すという私たちの能力は、言語の進化にも通ずる特徴である。かつて人類は、アイコン性を頼りに音と概念を結びつけ、言語のもとを生み出したのかもしれない。そして、アイコン性は特定の言語に浸かることで培われ、チューニングされるのであろう。この観点は、第5、第6章で言語進化と子どもの言語習得における記号接地問題を考える上で大変重要なヒントとなる。

まとめ

本章では、オノマトペを構成するさまざまなアイコン性について考えてきた。オノマトペは物事との間の部分的な類似性を頼りに、感覚イメージを写し取る。写し取るというオノマトペの性質ゆえに、その語形や発音、構成音そのものの特徴、さらには共起するジェスチャーや表情にまでアイコン性が宿る。言い換えれば、オノマトペは、その語形・音声や非言語行為のアイコン性を駆使して、感覚イメージを写し取ろうとすることばなのである。

オノマトペにおいては、アイコン性が高度に体系化されている。日本語には日本語のオノマトペのアイコン性が発達しているため、非母語話者には共有しにくい感覚が存在する。このことは、第1章に続き、「オノマトペはきわめて言語的である」という見方を支持する。

次章では、「言語とはどんなものか」という一般的視点から、オノマトペの言語性に本格的に切り込んでいくことにする。

コラム1　主食は「パ」「バ」「マ」「ファ」「ワ」

近年、世界の多くの言語から基本語を収集し、その構成音を比較する調査が行われている。たとえば、ある言語で〈頭〉を何というか、〈母〉を何というか、〈私〉を何というかといったことを調べ、それぞれの概念を表す語に、どんな音がどのくらいの確率で用いられているかを計算するのである。それらの研究では、「い」が小ささと結びつくという傾向が確かめられたほか、次のような音と意味の対応関係が新たに発見されている。

〈鼻〉：n　日本語「はな」、英語「ノウズ nose」
〈舌〉：l　トルコ語「ディル dil」、タイ語「リン lîn」
〈粗い〉：r　ラトビア語「ラウピャ raupja」、モンゴル語「シルーン shirüün」

主食（炊いた米、パン、芋、とうもろこしなど）を表すことばに、pa-、ba-、ma-、fa-、wa-

で始まるものが偶然を超える確率で多いこともわかっている。スペイン語の「パン pan」、中国語の「ファン fan」、韓国語の「パッ bab」、周辺モンゴル語の「マハ max」、ナヴァホ語の「パーハ pa:x」、アマナブ語の「ファネ fane」などがその例である。

唇を使う子音 p、b、m、f、w から始まり、次に「ア」に類する母音が続く語は、集められたデータの25％（16／63）にも及ぶ。25％という数字はたいして高くない、たくさん例外があるではないかと思われるかもしれない。しかし、そもそも音と意味の関係は恣意的である、つまり単語の音と意味に関係がない、という言語学の大前提から見ると、この数字は統計的には偶然では説明できない、非常に高い値なのである。実際、基本語100語の語頭の音を見てみると、このような音を持つ確率は7％にとどまる。

主食を表す単語が「パ」や「マ」で始まることが多いのはなぜだろう？　考えられる理由の一つは、発音のアイコン性である。私たちは食べ物を食べる際、「パ」や「マ」を発音するときのように口を大きく開く。

赤ちゃんことばがもとになっている可能性もありそうである。〈食事〉を表す赤ちゃんことばは、日本語の「まんま mam:a」、トルコ語の「ママ mama」、スペイン語の「パパ papa」のように、必ずと言っていいほど ma や pa で始まる。食事を求めることが赤ちゃんにとって死活問題であり、かつこれらの音が赤ちゃんにとって発音しやすいためであろ

図コラム1　〈食事〉の赤ちゃんことば

う。

いずれにしても、「パ」や「マ」で始める理由があるがゆえに、多くの言語でよく似た音選びとなっているわけである。

第3章　オノマトペは言語か

ここまで、オノマトペ以外のことばや視覚的アイコンとの比較を通して、オノマトペの特徴について述べてきた。本章では、「オノマトペは言語として扱われる資格があるのか」という視点をつきつめていく。「オノマトペは子どもじみた音真似であって、言語ではない」というのは、一般の人だけでなく、ときに学者の間でも聞かれる意見である。

結論から言おう。オノマトペはいくつかの点で特殊でありながらも、あくまで言語であるし、一般語（オノマトペでないことば）との違いより共通性のほうが多い。なぜか。この問題を掘り下げていくことで、オノマトペの性質が見えてくると同時に、言語とは何かという大きな問題に対しての理解も深まる。「オノマトペは言語か」という問題を考えれば、必然的に「言語とは何か」という問題を考えることになるからである。

言語の十大原則とオノマトペ

オノマトペが言語であるというのは、日本語話者には比較的受け入れやすい考えかもしれない。日本語ではオノマトペが文の構成要素として頻繁に現れる。「雲がフワフワと浮かんでいる」のように副詞として現れたり、「子どもがニコニコしている」のように述語の一部として現れたり、「よちよち歩き」のように複合語を作ったり、「コロコロがついた机」のようにオノマトペ単独で名詞となっているような例もある。実際、多くの文法学者はオノマトペを特別な要素と考えることはせず、他のことばと同様に副詞や名詞の一種と見なしているようである。

ところが、すでに述べてきたように、文ではなく単語レベルでは、オノマトペは体系的なアイコン性（音と意味の類似性）を持つという点で他のことばとはいくらか異なっている。では、オノマトペはどのくらい「言語的」と言えるのだろうか？　第1章ではオノマトペが物事の全体の輪郭ではなく、一部分のみを写し取る点を「言語的」だと述べ、第2章では音象徴の言語個別性や体系性に「言語的」な特徴を見出した。

以下では、人間の言語を言語たらしめる特徴のいくつかに着目し、オノマトペがいかに言語的なのかを考えていく。とくに、言語らしい言語の例に加えて、私たちが発する非言語音——口笛、咳払い、泣き声、音真似——とオノマトペを比較することで、オノマトペの言語らしさを浮き彫りにしていく。具体的には、**コミュニケーション機能、意味性、超越性、継承性、習得可能性、生産性、経済性、離散性、恣意性、二重性**という十個のキーワードから、オノマトペが一人前の言語の一員であるかを検討する。

経済性以外は、20世紀半ばにアメリカの言語学者チャールズ・F・ホケットが、人間の言語と他の動物のコミュニケーションがどう異なるかを論じた際に含めた指標である。「言語の大原則 design features of language」のゴールドスタンダードとして言語学界隈《かいわい》で今なお広く論じられている。経済性についても、機能言語学の創始者であるフランスの言語学者アンドレ・マルティネ以降、長く注目されてきた言語の特徴である。抽象的な漢語が続くが、言語とはどういうものなのかを理解する上でとても大事なので、少しがまんしておつきあいいただきたい。

音声性・聴覚性

十大原則に入る前に、言語の音声性・聴覚性について述べておく必要がある。言語は音声という媒体によって実現され、聴覚のモダリティで処理されるということは、かつて言語の大原則の一つとされていた。しかし、現代の言語学・認知科学では、この原則は明らかに誤りとされている。手話の存在があるからである。手話は、慣習的な語彙と文法からなる自然言語の一種である。突発的に編み出されるジェスチャーではないし、エスペラント語のような人工言語でもない。

手話の媒体はおもに手であるが、そのほかに顔の表情や口の動きなども言語表現に用いられる。近年は、音声言語でも、言語は単語の音を発音することのみで表現されるのではなく、意味を際立たせるために音の高低や強弱をつけたり、単語を速く言ったり特定の音を延ばして発話して時間的な緩急や長短を使ったり、さらにはジェスチャー、視線、表情などの音声以外のモダリティも使って意味を作り出している「マルチモーダル」なものであるという考えが受け入れられてきている。第2章で述べたように、オノマトペは一般語と同じように音声で表現され、聴覚で処理されるが、一般語よりもジェスチャーを伴いやすく、マルチモーダル性が高い。その意味では、オノマトペは現代における「言語」の定義によく合致する存在なのである。

コミュニケーション機能

言語の十大原則の話をはじめよう。言語を語る上で重要な観点の一つめは、発信の目的が、コミュニケーションに特化しているという性質である。ホケットはこれを「特定性」と呼んだ。言うまでもなく、音声言語であれ手話であれ、私たちの発話は相手に意図を伝えることを目的としている。

たとえば、「ネコが好きなんです」という発話は、聞き手に自分の好みを教える。「ネコ！」という一語のみからなる発話であっても、特別な文脈がなければ、話し手（おそらくは聞き手）の見えるところにネコがいることが聞き手に伝えられる。独り言や日記はこれに該当しないように思えるが、いずれも自分を相手とした擬似的なコミュニケーションという側面があると考えられる。

このことは、これらの発話を口笛や咳払いと比べるとより実感できる。口笛も咳払いも音声言語と同様、口から発せられ、聴覚で知覚される。ところが、いずれも多くの場合は、誰かが聞くことが想定されておらず、コミュニケーションが意図されていない。この点で、口笛や咳払いは非言語的である。

もちろん、スポーツ選手の離れ技に対して感動を示すために口笛を鳴らしたり、他人の無作法を指摘するために咳払いをしたりというような場面は存在する。それらの口笛や咳払いは、より言語的と言ってもよいかもしれない。しかし、いずれにしても、つねにコミュニケーションに用いられる発話と比べると、口笛や咳払いは言語性が低いと言えよう。

では、オノマトペはどうだろう？「雷がピカッと光った」「床がツルツルしているね」「黄身がトロッとしていておいしい」という例では、それぞれ光り方、床の見た目や滑りやすさ、黄身の食感という情報を聞き手・読み手に伝える。「ドーーン！」という一語発話も、爆発の様子を聞き手と共有し共感してもらうためのものである。つまり、コミュニケーションの相手に情報を伝達するという目的は、オノマトペと他のことばではとくに違わない。むしろ、書きことばよりも会話や育児場面でオノマトペが多く使われることを思うと、オノマトペはとくにコミュニケーション性の高いことばと言えるかもしれない。

コミュニケーションを目的とするというのは、多くの言語のオノマトペが共有する特徴である。以下は南米のケチュア語話者の発話（秋田訳）で、アメリカ人研究者に、巨大なアナコンダ（南アメリカの熱帯雨林に生息する蛇）が池の中でバクを捕まえたエピソードを話して聴かせている。

トゥプーー……バクがどこへ向かおうと、そろそろアナコンダは水から出てくるよ、ほら！

冒頭の「トゥプーー」がオノマトペである。上がり調子で発音されたこのことばは、アナコンダが水に飛び込む際のおぞましい音と様子を写している。「トゥプーー」のあとには4秒もの間が置かれ、聞き手は水中に潜むアナコンダがいつ出てくるだろうと、緊張感と恐怖感を抱かずにはいられない。このようにオノマトペは、聞き手を場面に引き込むという積極的なコミュニケーション機能を持っている。

意味性

ホケットが挙げた次なる言語の大原則は「意味性」である。意味性とは、特定の音形が特定の意味に結びつくという性質である。「イヌ」という日本語の名詞は〈イヌ〉という概念に結びつく。**soft**という英語の形容詞は〈柔らかい〉という属性概念と結びつく。

ここでも口笛や咳払いと比べてみよう。いずれも口から発せられる音ではあるが、非常に限られた状況以外では特定の概念と結びつくわけではない。「イヌ」という音形がつねに〈イヌ〉という概念と結びついていることとは対照的である。

口笛や咳払いと違って、オノマトペは日本語コミュニティの中で特定の意味と明確に結びついている。単に音を発しているわけではない。「ワンワン」というオノマトペはイヌの鳴き声と結びつき、「フンワリ」というオノマトペは雲や綿のような柔らかさと結びつく。このように、意味性を持つという点でも、オノマトペは言語なのである。

超越性

言語は目の前の物事だけでなく、その場にないものや過去・未来の出来事も話題にすることができる。つまり、言語はモノや事柄がイマ・ココに存在するか否かに縛られず、時空を超えて物事を語ることが可能である。たとえば、話し手も聞き手も日本にいる場合でも、「ロンドンってスタイリッシュで素敵な街だよね」と言うことができる。「昨日はたくさん雪が降りましたね」という発話は過去の出来事を話題にしている。まだ存在していない建物について、「もうすぐここにマンションが建つらしいですよ」と言うのも、ごく自然な発話である。この特徴をホケットは、「超越性」と呼んだ。

イヌの鳴き声を考えてみてほしい。あなたの飼い犬は、その場所に不審者がいることをあなたに伝えようとして激しく鳴いている。30分前や1時間後ではなく、別の場所でもなく、今、ここに不審者がいることをイヌが感知しているのである。この意味で、イヌの鳴き声はコミュニケーションの媒体ではありえても、超越性を持っているとは言えない。

口笛で感心を表明したり、咳払いで無礼を指摘したりするのも、イマ・ココでしか機能しない。昨日のスポーツ観戦を思い出して口笛を吹くのはおかしいし、静かな図書館で5分前に電話をかけていた利用者に咳払いをしても、何の効果もないだろう。

オノマトペはどうだろうか。オノマトペは明らかにイマ・ココに縛られない。「昨日、うちのイヌがワンワン吠えちゃって困ったよ」と過去の鳴き声を写したり、「入学式の頃には学校の桜もヒラヒラと舞っているだろうね」と未来の桜の花びらの様子を写したりすることができる。「今頃オーストラリアでは太陽がギラギラ輝いているんだろうね」と、遠い国の光を写すことも可能である。

イマ・ココを超えた超越性を持つことは、ホケットの挙げた言語の特徴の中でも最重要なものの一つである。オノマトペはこの最重要の基準を立派にクリアしているのである。

継承性

言語とは学ぶものである。子どもは生まれながらに、ことばを理解し使えるわけではない。親や周りの大人と日々やりとりを行い、彼らが話す母語に触れることで、単語や単語の組み合わせ方を知る。たとえば、イヌは日本語であれば「イヌ」、英語であればdogと呼ばれることを学ばなくてはならない。このことをホケットは「伝統的伝達」ないし「文化的伝達」と呼んだ。特定の伝統・文化の中で教えられ習得されるという意味であるため、「継承性」と呼ぶことにする。

口笛はどうだろう？　歌と同様に、口笛は友達や周りの大人から教わってできるようになることが多いのではないだろうか。その意味で継承性という特徴を言語と共有している。ただ、特定の口笛の文化的継承が、言語のように何世代にも及ぶものなのかについては不明である。

では、泣き声や咳払いはどうだろう？　赤ちゃんは生まれてすぐに泣き声を上げる。親からその都度促されたり教えられたりして泣くわけではない。したがって、赤ちゃんの泣き声は継承性の例とは言いがたい。その意味で非言語的である。一方、対人的に用いる咳払いは、社会文化の中で覚える合図であるため、継承性を有する。言語との共通点である。

オノマトペは継承・習得されるものである。まだ文を発話できない一語期の子どもも、イヌを指して「ワンワン」、車を指して「ブーブ」と言う。それは周りの親などが話す日本語のインプットを学習したがゆえの発話である。実際、周りの環境が英語であれば、イヌは bowwow や woof-woof、車は vroom などと言うようになる。ほかにも、「チュンチュン」が雀の声、「そよそよ」が微風、「くよくよ」が悩み続ける様子を表すことは、日本語での生活の中で一つ一つ習得しなければならない。この点についても、オノマトペはいたって言語的である。

習得可能性

子どもは、親などとのコミュニケーションを通して、母語の仕組みを学ばなければならない。これがホケットの言う「継承性」であった。一方、「習得可能性」とは、母語以外でも学ぶことができるという特徴である。たとえば多くの日本語話者は、英語やスペイン語を完全にはマスターできずとも、「スカイ sky」が空を指し、「セニョリータ señorita」が未婚女性への呼びかけで用いられることを学べている。

大人になってからでも学べるコミュニケーションの道具はほかにもある。たとえば、日本人は欧米に留学すると、しばしば表情やジェスチャーが大袈裟になって帰ってくる。眉を大きく上げて喜んだり驚いたり、両腕をぶんぶん振って怒ったりといった具合である。

一方、人間はネコやイヌの鳴き声や、イルカが出すコミュニケーション音を習得することは、基本的にはできないものと思われる。それらの音真似はできても、実際に動物と自由に「会話」できるわけではない。また、モンゴルには同時に高い声と低い声を出すホーミーという歌唱法があるが、これは人間の発声であるにもかかわらず、誰しも習得できるわけではない。つまり習得可能性が低い。

オノマトペを考えてみよう。外国語のオノマトペは、なかなか難しいが習得可能である。英語でカラスの鳴き声を「コー caw」、ドアを閉める音を「スラム slam」、電車のガタゴトを「ランブル rumble」と写すことをご存じの読者もいるだろう。南アフリカのズールー語では、何かをむしり取ることを「モニュ monyu」というオノマトペで表す。静かであることは「ニャ nya」と言うらしい。日本語話者には少なからず違和感があるものの、ズールー語ではそうなのだと言われれば、覚えられないことはない。少なくともイルカのコミュニケーションやホーミーの歌唱をマスターするよりは、はるかに容易であろう。この点においても、オノマトペは言語的である。

生産性

私たちは聞いたことのある文ばかりを、聞いたとおりに暗唱して発話しているわけではない。日々、新たな発話を次々に作り出している。発話の可能性は無限大である。言語のこの特徴を、「生産性」と呼ぶ。

たとえば、ある人が、「コロナも落ち着いたし、せっかくの読書の秋だから、『言語の本質』を持って川沿いのカフェにでも行こうかな」と発話したとする。おそらくこれは、これまで誰も発したことがないし、聞いたこともない発話である。にもかかわらず、何の違和感もなく、理解も容易である。

同じことは、文だけでなく単語のレベルについても言える。私たちは、すでに知っている単語や単語形成の規則をもとに、新たな表現を生み出すことができる。たとえば、book の複数形は books、cat の複数形は cats というパターンに基づいて、はじめて聞いた単数名詞

covidiot（コロナウィルスの感染対策をしない愚か者）からもcovidiotsという複数形を作り出すことができる。日本語でも、「就活」「婚活」「朝活」「妊活」といったパターンから、新たに「腸活」（腸を整える活動）、「ヨガ活」（ヨガ活動）、「読み活」（読書会）のようなことばが日々生み出されている。

口笛や咳払いや泣き声を考えてみよう。これらはいずれも、口から発せられる音である。しかし、「ピーピピ、ピーーピーーーピピー」などと新たなパターンで音を発することは可能だとしても、そうした工夫により何種類ものメッセージが伝えられるようになるとは考えにくい。口笛、咳払い、泣き声は体系的な組み合わせの規則がなく、生産的に新たな表現を作り出せるようにはできていない。

第2章で述べたとおり、日本語や韓国語といったオノマトペが発達した言語では、そのアイコン性がきわめて体系的である。語形のアイコン性を思い出してみよう。日本語のオノマトペの30％以上が、「ブラブラ」『キラキラ」「テクテク」「ドキドキ」「ポチポチ」など、重複形により出来事の反復や継続を表すものであった。さらに、とくにくだけた会話や漫画などでは、新たな重複形オノマトペが作り出されることも多い。たとえば、柔らかい毛で覆われた動物を形容する「モフモフ」は2000年頃にできた新語である。筆者らが漫画で見つけた「コシコシ」は甘えて頭を擦り付ける様子を、「ふるふる」は首を素早く振る様子を表すために新たに作られたオノマトペである。前者は「ゴシゴシ」、後者は「振る」をもとにしているのだろう。オノマトペの重複形は非常に生産的なのである。

音のアイコン性も考えてみよう。た体系性を見せることを見た。「コロコロ」より「ゴロゴロ」は重く、「サラサラ」より「ザラザラ」は粗い。オノマトペの語根(「コロ」「ゴロ」)の半数強がこの対立を見せる。先ほどの「コシコシ」(弱めのこすり)という例も、「ゴシゴシ」との対比から作られたとすると、清濁の音象徴をうまく利用していることになる。

このように、語形のアイコン性についても音のアイコン性についても、オノマトペの体系性と生産性は顕著である。オノマトペが言語であることの強力な根拠と言えよう。

興味深いことに、オノマトペの体系性は、言語習得の早い段階から用いることができる。人気YouTube番組「ゆる言語学ラジオ」がJAPAN AKACHAN'S MISTAKE AWARDSと冠して子どものおもしろい間違いを募集したところ、「ばよっ ばよっ ばよっ」ということばが寄せられた。これは、ある3歳児がショベルカーの様子を表すのに編み出したオノマトペなのだという。大人であれば「ガシャーン」とか「ウィーン」などと慣習的なオノマトペで済ませてしまいそうなところである。注目すべきは、この子どもが意図したのがクレーン部分であれキャタピラ部分であれ、ショベルカーの大きな動きや騒音を表すのに「バ ba」という音を用いたことである。第2章で見たとおり、日本語では濁った子音bも母音aも大きなイメージと結びつく。さらに、語尾に促音をつけて繰り返すことも、日本語のオノマトペでお馴染みの表現法である。この子どもは、3歳にして日本語が持つこれらの体系的なアイコン性を我がものとし、巧みに、大人よりも創造的に操って見せたのだ。

経済性――言語になぜ経済性が必要か

私たちは言語により、お互いの考えをやりとりする。先ほどはこれを言語の「コミュニケーション機能」と呼んだ。コミュニケーションを目的とするため、私たちは言語にできる限り多くの情報を盛り込もうとする。情報が豊富な発話のほうが、そうでない発話よりも価値があるはずである。

その一方で、言語には、できる限り形式が単純であったほうがよいという面もある。あまりに複雑な言語は覚えるのが大変であるし、コミュニケーションにも向かない。簡単に済ませたいのだ。言語のこのような特徴は、しばしば「経済性」と呼ばれる。少量の表現でたくさんの内容を伝えたいという志向性は、前項の生産性の話へとつながる。

経済性は言語のさまざまな側面に現れる。その一つが多義性である。どの言語にも、複数の関連する意味を持つ語が大量に存在する。たとえば、「さがる」という日本語の動詞は、

〈下方向に移動する〉という意味以外にもさまざまな意味を持つ。「危ないから下がっていてください」という文では〈後ろに移動する〉の意味、「無礼者、下がりなさい」という文では〈偉い人の眼前から遠ざかる〉の意味、「物価が下がる」という文では〈値が小さくなる〉という抽象的な意味を表している。同様に、英語の「ストロング strong」という形容詞も、〈力が強い〉という意味以外にいろいろな意味を持つ。strong bookshelf といえば〈壊れにくい本棚〉を、strong relationship といえば〈強く結びついた関係〉を、strong coffee といえば〈濃いコーヒー〉を表す。

言語に多義語が多いのには理由がある。すべての意味について異なる形式が存在していたらどうだろう？　意味の数だけ形式を覚えなければならないことになる。たとえば、コーヒーの濃さを表すのに、すでに〈強い〉という意味で用いている strong という形式が使えない。したがって、たとえば nampy のような新しい単語が必要になる。つまり、英語話者は新たな別の形式を覚えなければならないことになり、非常に効率が悪い。

一つの形式に複数の関連する意味が対応していれば、覚える形式が一つで済む。それに加えて、複数の意味についても、バラバラではなく整理して覚えることができる。すなわち、「さがる」にとっての〈下方向に移動する〉のように、中心的な意味がまずあり、そこからの派生として残りの意味を捉えることができる。「あがる」にも「物価が上がる」という言い方が可能であるように、この意味の派生の仕方にはある程度のパターンがある。

意味の派生パターンの一つは、第1章で見た「換喩（メトニミー）」である。「鍋を食べる」のように、ある概念（鍋）をヒントにそれと近い関係にある概念（鍋の中の料理）を表す。「手をあげる」という一つの表現で〈立候補する〉意味や〈暴力を振るう〉意味を表すのも、「ワンワン」でイヌを指すのも換喩である。

加えて広範に見られる派生パターンに、「隠喩（メタファー）」が挙げられる。隠喩は、一般に抽象的な概念を具体的な概念で捉えようとする。本来目に見えない物価の変動を、空間的な上下方向で捉えるのは隠喩の例である。

意味派生の仕方にある程度のパターンがあるため、多義語は言語使用者の記憶にとって好都合なのである。仮にstrongに〈濃い〉という隠喩の意味があると知らない人であっても、strong coffeeと聞けば、〈強い〉という意味から〈薄いコーヒー〉よりは〈濃いコーヒー〉を表すと察しがつくだろう。このように、言語の経済性は、私たちが覚えなければならない形式の数を最小限に抑えてくれているのである。

前にも見た口笛、咳払い、泣き声はどうだろう？　「ヒュー↘」という下がり調子の口笛に、〈やるじゃん〉という感心の意味が込められることがある。同じ口笛で、〈ほっとした〉という安心が表明されることもありそうである。あるいは、「ヒュー↗」という口笛で、目の前の子どもの注意を引くような場面もあるかもしれない。しかし、いずれの意味も、「さがる」やstrongというようなことばのように慣習化されているわけではない。また、感心と安心と注意喚起の間には、どれからどれが生じたという自然な派生関係が見出せない。したがって、口笛は言語的な多義性を有しているとは考えにくい。

咳払いについては、注意を引く以上の機能に分化しているようにすら思えない。図書館で電話をかけている人に対して咳払いをしたら、〈迷惑になっていますよ〉というメッセージを暗に伝えることができる。誰かがAさんの悪口を言っていて、実は近くにAさんがいた際、咳払いをすることで〈Aさんに聞かれていますよ〉というメッセージが伝えられそうである。あるいは、人混みの中でタバコを吸っている人に聞こえるように咳払いをすれば、〈煙たいからタバコを吸うのはやめてください〉という意図が伝えられるかもしれない。しかし、これらの解釈は状況から読み取られるものであり、咳払いそのものに〈迷惑になっていますよ〉や〈煙たいからタバコを吸うのはやめてください〉といった具体的な多義が結びついているわけではない。

泣き声についても、声の大きさで悲しみの強さを表し分けることはできようが、それ以上の気持ちの詳細までは区別できそうにない。たとえば、いじめられて泣いているのか、映画を見て泣いているのか、タンスの角に足をぶつけて泣いているのか、泣き声だけで確実に表し分けるのは不可能であろう。

さらに、音真似はどうだろう？　第5章でも見るように、擬音語は物音や鳴き声の忠実な模倣をもとに成立したものと考えられる。音真似は、先に見た「意味性」を持つと考えることができるかもしれない。特定の声が特定の物音や鳴き声と結びつくためである。しかし、その声が結びつくのは、一つの物音ないし鳴き声である。雀のさえずりの音真似は、雀の声を真似ているのであって、子どもの話し声を写すことはない。この点で音真似は言語的ではない。

続・経済性――オノマトペと経済性原理

オノマトペには多義語が豊富に見られる。たとえば、「カチカチ」は、「カチカチと氷を叩く」というように硬いものを叩く音を写すことができる。一方で、「この氷はカチカチだ」という文では〈叩いたらカチカチという音が出るくらい硬い〉という触覚義を、「社長は頭がカチカチで困る」では〈融通が利かない〉という意味を、さらに「受験生はカチカチに緊張している」では〈極度に緊張している〉という意味を表す。興味深いことに、「カチカチ」の代わりに「硬い」という形容詞を用いて、「社長は頭が硬い」や「受験生は緊張で硬くなっている」のような言い方も可能である。つまり、「カチカチ」と「硬い」は意味の派生パターンを一部共有しているということである。「硬い」と同様に「カチカチ」もまた言語であることの表れと言えよう。

物音を表すオノマトペが、その音を出しそうな触覚的特徴をも表すケースは多く、「ザラザラという音」から「ザラザラした手触り」、「パリパリという音」から「パリパリした食感」、「カリッという音」から「カリッとした歯応え」、「カサカサという音」から「カサカサした肌」のように、ほぼパターン化している。

もう一つ例を見てみよう。「ゴロゴロ」というオノマトペは実に多くの意味を持つ。真っ先に思い浮かぶのは「岩がゴロゴロと転がる」のような回転義だろうか。「雷がゴロゴロ鳴る」や「ネコがゴロゴロいう」の「ゴロゴロ」は音を写しているが、多義というよりは、たまたま同じ音連続で写したという同音異義の関係にあるものと思われる。さらに、「ゴロゴロしていないで働け」というと、横になって怠ける様子が表される。回転義の「ゴロゴロ」からの派生であろう。「この地域にはいい選手がゴロゴロいる」の「ゴロゴロ」はたくさんいることを表す。川辺の石のように転がってきた結果そこにある、という想像に基づいていると考えられ、その意味でやはり回転義をもとにしている。「コンタクトで目がゴロゴロする」という表現も、コンタクトレンズが目の表面であたかも回転しているかのような不快感を引き起こすことをいう。回転義に基づく触覚義と言えよう。

このように、「カチカチ」や「ゴロゴロ」という単一のオノマトペから、無理なく意味の派生が生じ、見事な多義性が実現している。このおかげで、用いるオノマトペの数が少なくて済み、経済性へとつながる。それに加えて、「カチカチ」について見たように、同様の意味派生パターンが他のオノマトペや一般語にも確認されることも多い。この特徴もまた、オノマトペはもとより言語一般の経済性に貢献している。

ことばの意味変化は、しばしばミスコミュニケーションを生む。多義性にパターンがあるとはいっても、言語によって、方言によって、世代によって、意味の広がり方には少なからず差異が生じる。コミュニティ内における独自の意味の発展には、メンバー同士の絆を深めるような側面もある。

たとえば、若い世代の間で「やばい」が〈とてもよい〉や〈とてもおいしい〉の意味で使われだしてすでにしばらく経つが、使い慣れていない話者にはよい意味なのか悪い意味なのかわからず、解釈に当惑するだろう。また、「普通にかわいい」や「普通にいいね」のような言い方に違和感を抱く読者もいるのではなかろうか。若者たちは「普通に」を、〈ありうる想定に反して十分に〉（かわいい・いい）〉のような意味で使っているらしい。

さらに、NHK放送文化研究所の2019年のウェブ記事には、「カレーがほんとに好きで、なんなら毎日食べてます」のような若者ことばに関する調査報告が紹介されている。

「なんなら代わりに行きましょうか?」のような、何かを提案するときに使う「なんなら」にしか馴染みのない読者には、ただの誤用に思えるかもしれない。若者たちは、どうやら〈さらに言えば〉や〈下手をすると〉のようなニュアンスを意図しているらしい。彼らのなかには、伝統的な「提案」の意味を知らない人も多いようだ。

このように、ことばの意味の派生にはある程度のパターンが存在するものの、特定のグループの遊び的な使い方が広がって定着し、結果として前の世代にはつながりが見えないほどの隔たりが生じることもある。そのようなことばは、前の世代にとっては、多義語というよりも同音異義語である。

このような時代の変化に伴う意味の変容はオノマトペにも見られる。「サクッと済ませる」「サクサク仕事をこなす」のような表現は、すでに若者以外にまで浸透している。一方、「毛がワサワサしたイヌ」や「草がワサワサしてきた」という表現は比較的新しいようである。20世紀初頭には、「ワサワサ」は「ソワソワ」に似た落ち着きのなさを表したという。それが今では、落ち着きのなさとはまるで関係のない、毛や草の量を表すことがあるらしい。多義というよりも同音異義の例であろう。

言語の十大原則のうち、ここまでに述べた特徴は、オノマトペが言語であるという見方に懐疑的な言語学者でもさほど問題にしないだろう。争点はこれから先の三つの特徴――離散性、恣意性、二重性――である。オノマトペはこれらの原則を満たさないので正式な言語ではない、あるいは言語とは認められても周辺的存在であると考える言語学者が多かった。しかし本当にそうだろうか？

離散性

「離散性」は、数学から言語学に持ち込まれた概念である。表現の仕方が、連続的でないという特徴をいう。いわば、アナログではなくデジタルである。

たとえば、色彩語の意味を考えてみよう。色彩空間ないし私たちの知覚においては、赤とオレンジ色と黄色は連続的なグラデーションの関係にある。しかし、言語の世界では、おおよそここからここまでは「アカ」、このあたりは「オレンジ」、そしてここまでは「キ」というように境界を作り出している。実際には赤寄りのオレンジ色や、黄色寄りのオレンジ色があるにもかかわらず、私たちは通常それらの色も「オレンジ」と一括りにする。青と緑も同様に、物理的・知覚的にはグラデーションの関係にあるが、日本語などでは「アオ」と「ミドリ」として二つに分ける。これが言語の離散性である（図3-1）。

離散性は文法要素にも見られる。たとえば、英語の可算名詞と不可算名詞の違いである。名詞の可算性には不思議な側面がある。豆は **a bean vs. beans** というように数えられるが、

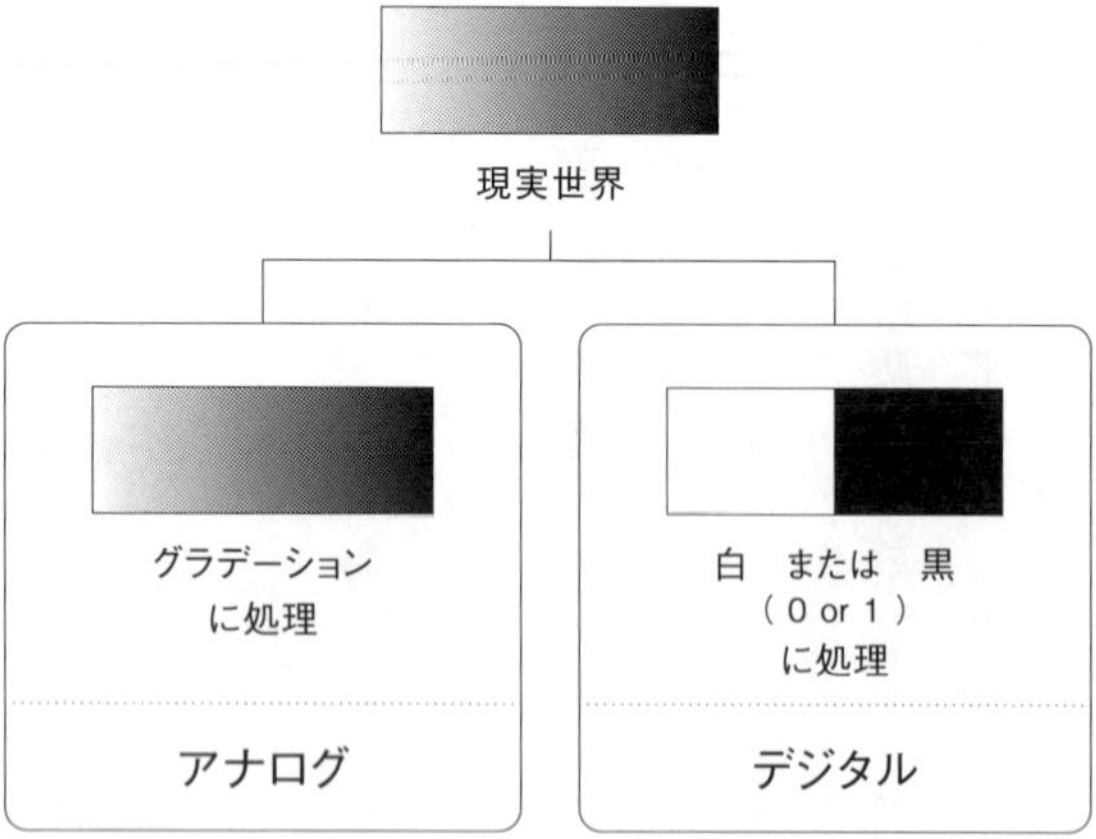

図3－1　アナログとデジタル

よく似た形でも米は数えられず、a rice vs. rices とはならない。英語という言語の中で、各名詞が可算か不可算かに離散的に振り分けられている。中間的な扱いはないのである。

なお、beer や lunch といった名詞は一般的には不可算であるが、種類や具体例を指す場合には beers や lunches と数えることができると高校あたりで習う。しかし、これは可算と不可算の中間の扱いがあることを示しているわけではない。むしろ、beer や lunch に可算の意味と不可算の意味があり、それぞれが異なる概念を指示しているのである。

可算名詞については、その数え方にも離散性が見られる。たとえば、単数形

bean と複数形 beans はその名のとおり、一つなのか二つ以上なのかのみを区別する。一つと二つの間に境界を設けているのである。複数形は、どのくらい数が多いのかまでは表し分けない。アナログではなく、デジタルなのである。

現在形と過去形の関係もデジタルである。kick と kicked の間には中間的な段階はなく、どのくらい過去の話なのかまでは表し分けない。このように、言語は一般に離散的な性質を持つ。

一方、口笛や声で鳥の鳴き声を真似る場合、その模倣の仕方は連続的・アナログ的である。鳴き声の長さや繰り返しの回数を、鳥が鳴いたとおりに写す。鳥がさえずりを5回繰り返したのであれば、口笛も連続して5回繰り返す。この点は、英語の可算名詞が単数か複数かしか区別しないのとは対照的である。声の高さも段階的に調整することができるためアナログ的である。

オノマトペは離散的か、アナログ的か。一般言語に近いのか、口笛や音真似に近いのか。第2章では、オノマトペのアイコン性に言及し、そのアナログ的側面を浮かび上がらせた。しかし、オノマトペの意味に連動して声を強めたり弱めたり、一部の音を延ばしたり、ジェスチャーを伴わせたり、というようなアナログ的側面は、実は、オノマトペそのものの性質というより、私たちがオノマトペを使うときの特徴である。オノマトペはたしかに、アナログ的な状況描写を誘いやすい。しかしオノマトペの語としての性質はどうだろうか。

結論から言えば、オノマトペには明確な離散性が認められる。まずは語形から見ていこう。語形でも、「コロコロ」と「コロッ」「コロン」「コロリ」で区別するのは一回転か複数回転かである。可算名詞の複数形と同様に、「コロコロ」という重複形は回転が二回以上であることを表す。したがって、「コロコロと二回転した」とも「コロコロと十回転した」とも言える。一方、「コロッ」「コロン」「コロリ」といった単一形は、単数形の名詞と同様、きっかり一回を表す。よって、「コロンと一回転した」とは言えても、「コロンと二回転した」や「コロンと十回転した」とは言えない。

オノマトペが用いる音の対比にも離散性が見られる。オノマトペは意味を対比させるために、特定の音を対比させる。清濁の音象徴を考えてみよう。語頭の清濁は「コロコロ」と「ゴロゴロ」のように二択であり、したがって、表し分けられる意味も〈小さい、軽い、弱い〉と〈大きい、重い、強い〉などのように二種類のみである。「コロコロ」とも「ゴロゴロ」ともつかない中間的な音で微妙な意味を表すということは考えにくい。

オノマトペはそれ以外のことばに比べれば、さまざまにアイコン的な特徴を持つ。しかし、離散性、つまりデジタルかアナログかという観点からは、多くのジェスチャーや口笛、音真似などよりもはるかに離散的である。この点においても、オノマトペは言語の特徴を色濃く持っていると言える。

恣意性

ホケットは、言語の形式と意味の間の関係は恣意的（必然性がない）であり、それが言語を言語たらしめているとした。たしかにことばは一般に、その形式と意味の関係に必然性がない。日本語で「イヌ」と呼ぶ動物は、英語では「ドッグ dog」、フランス語では「シヤン chien」、中国語では「狗《ゴウ》 gǒu」と、まったく違う音形で呼ばれている。日本語の「食べる」に相当する動詞も、英語では「イート eat」、フランス語では「マンジェ manger」、中国語では「吃《チー》 chī」とやはり音形がバラバラである。

言語記号の「恣意性」は、二〇世紀はじめに近代言語学の父フェルディナン・ド・ソシュールが指摘したことでも知られている。この考えは、以降百年間の言語学において言語を考える上での大原則として君臨し続け、ホケットもそれを引き継いだ。

恣意性の原則の例外として、決まって出されるのがオノマトペである。イヌの鳴き声は、日本語では「ワンワン」、英語では「バウワウ bowwow」、フランス語では「ワフワフ ouafouaf」、中国語では「汪汪《ワンワン》 wāngwāng」、さらに韓国語では「モンモン mengmeng」、チェコ語では「ハフハフ hafhaf」、ベトナム語では「ガウガウ gâugâu」とよく似ている。鳴き真似と同様、繰り返しの語形はもちろん、使われている音にも共通性がある。子音としてはw、b、m、fなどの唇が関わるもの（唇音）が多く、母音としては口を大きめに開く「ア」や二重母音の「アウ」が多く使われている。言語間にこのような類似性が認められるのは、言うまでもなくオノマトペがアイコン的であるからである。アイコン性という理由を持って音形が作られているがゆえに、系統的に非常に離れた言語の間でも似通ってくるのだ。

このようにオノマトペは、ソシュールやホケットという近代言語学で神のような存在と目される大御所の主張した言語の恣意性という大前提に反するため、言語学の中では、言語において取るに足りない周辺的存在として扱われてきたのである。本書はまさに、この大原則を覆す挑戦だと言ってもよい。

オノマトペは言語の恣意性に反する特徴を持つために言語的でない、あるいは真面目に考慮するに値しないとする立場には、以下の観点から反論が可能である。

まず、第2章で議論したように、オノマトペは言語によって異なる。日本語では「ワンワン」なのに韓国語では「モンモン」である。つまり、先ほどオノマトペの言語間には類似性が認められると言ったが、オノマトペのアイコン性には恣意性も認められるのだ。

このように、「アイコン的である」ことは「恣意的でない」という結論を導くものではない。オノマトペ、とくに擬音語は言語間でしばしば似ている。しかし、共鳴音や鼻音などという抽象的なレベルにおいて似ているだけであって、全音声言語でまったく同じ音形を持つわけではない。言語によって持っている音が異なるのが一つの理由である。たとえば、チェコ語の「ハフハフ」に使われているfという子音は日本語にはない。ないから使えない。

一方、英語の「バウワウ」については、bやwという子音もaʊという母音も、近い音が日本語に存在する。それにもかかわらず、日本語では「バウワウ」ではなく「ワンワン」と写す。日本と英語圏では身近なイヌの種類が違うから鳴き声も違う、という理由はあるかもしれない。しかし、それ以上に、「ワンワン」や「バウワウ」がことばであって、音選びに完全な必然性がないために言語間で音選びが異なると考えることもできる。実際、万国共通のオノマトペはただの一つも存在しない。

すなわち、オノマトペはアイコン的でありながらも、恣意性と呼べる特徴も持っているわけである。この点については、第5章でさらに議論を深めていく。

二重性

言語の大原則の最後は、「パターンの二重性」と呼ばれる特徴である。これは、音声言語を構成する音の一つ一つは意味を持たないが、その連なりは単語や単語の部品として意味を持つという特徴を指す。

たとえば、「ノライヌ」という単語を考えてみよう。この語は、n、o、r、a、i、n、uという七音からなる。nやoやrといった音それぞれにはとくに何か意味があるわけではない。一方、noraおよびinuという音連続は、それぞれ〈野〉と〈イヌ〉という意味と結びつく。つまり、norainuという音形には、純粋に音としての面と、意味を持つことばの構成要素としての面が見出せる、というアイデアである。なお、二重性は、経済性の提唱者として挙げたマルティネによる「二重分節 double articulation」という用語でもよく知られている。

この考え方自体はわかりにくいかもしれないが、オノマトペが二重性を持つか否かは比較的考えやすい。これまで述べてきたように、オノマトペの音形にはアイコン性が認められる。「ワンワン」にはw、a、nという音が使われる理由がある。つまり、構成音に意味がある。中型犬や大型犬は大きな声で吠えるからwやaで写すのであって、また、その声はよく響くからnで終わるのである。「ふわふわ」という擬態語の音選びにも、擬音語ほど明確ではないまでも、第2章で見たように、アイコン的な理由がある。雲や綿が軽くて美しいことをhで表し、柔らかいことをwで表すのである。これらのアイコン的特徴は、「音そのものには意味がない」という二重性に反する特徴である。

なお、口笛、咳払い、泣き声、音真似については、その音を用いる明確な理由がある点で、オノマトペと似ている。たとえば、高めの口笛はポジティブな気持ちなどの表れである。その一方で、「音を組み合わせることで単語や単語の部品として意味を持つ」という、「ノライヌ」や「ワンワン」「ふわふわ」には存在した性質は欠けている。感心などを表す口笛や、咳払い、泣き声、音真似などには、そもそも部品とその足し合わせという構造がない。したがって、二重性という性質からは大きく外れた存在と言える。この点でも、オノマトペは口笛、咳払い、泣き声、音真似などと一線を画し、言語の側に与《くみ》するのである。

二重性は書記体系についても指摘されている。今度は「やま」という平仮名を考えてみよう。「やま」全体は〈山〉という意味と結びつき、語をなす。一方、「や」や「ま」という文字の一つ一つには意味らしきものは認められない。無意味な部品から有意味な全体が作られるというのは、音声について見た二重性と同様である。

興味深いことに、文字の中にも二重性に違反すると考えられるものがある。意味を表す文字、いわゆる「表意文字 **ideogram**」である。古代エジプトの象形文字（ヒエログリフ）だけでなく、私たちにも馴染みのある漢字にも表意性が認められる。たとえば、「山」という漢字が山の形を模していることはよく知られている。「傘」という漢字も傘の形を模した表意文字である。

先ほど、音声言語におけるオノマトペは構成音の一つ一つに意味が宿る点で、二重性の例外となりうると述べた。表意文字もまた、構成要素が特定の概念と結びついている点で二重性の例外となりうる。この共通性は、オノマトペが「表意音 ideophone」と呼ばれることとも矛盾しない。

まとめ

本章では、広く論じられている言語の十大原則――コミュニケーション機能、意味性、超越性、継承性、習得可能性、生産性、経済性、離散性、恣意性、二重性――をオノマトペが満たしているかどうかという観点から、「オノマトペは言語か」という問いを考えた。

本章での考察をまとめると表3-1のようになる。オノマトペと一般語だけでなく、明らかに言語ではない、口笛、咳払い、音真似、泣き声などの非言語音と比較して考察した。口笛と咳払いについては、通常は個人的な活動であるものの、特定の場面においては感心や警告を示すという明確なコミュニケーション機能を持っている。そのため、コミュニケーション機能、意味性、咳払いについては継承性にも「×」と「○」の両方を並べてある。オノマトペは、アイコン性と恣意性を体系的に兼ね備えているため、恣意性と二重性に「△」を添えている。なお、明確な結論が得にくいために考察対象から外した点については、空欄となっている。

表３－１　一般語、オノマトペ、非言語音の言語性

	一般語	オノマトペ	口笛	咳払い	音真似	泣き声
コミュニケーション機能	○	○	×/○	×/○		
意味性	○	○	×/○	×/○	×	×
超越性	○	○	×	×		
継承性	○	○	○	×/○		×
習得可能性	○	○				
生産性	○	○	×	×	×	×
経済性	○	○	×	×	×	×
離散性	○	○	×	×	×	×
恣意性	○	△	×	×	×	×
二重性	○	△	×	×	×	×

表３－１を見れば、口笛、音真似などと比較して、オノマトペは明らかに多くの言語的特徴を満たしている。さらに、２０００年代以降には、言語学の中で、そもそも言語は恣意的でなければならないというソシュール・ホケットの考えに反対する考えが次々に表明されてきており、言語が身体につながっていることを示す実証データが蓄積されるようになった。つまり、言語の恣意性というゴールドスタンダード自体が揺らぎ、「言語は身体的である」という理論が広く受け入れられるようになってきたのである。

数多く存在する実証データの中で、とくにこのことを端的に示したのが、子どもの言語習得におけるオノマトペの役割を明らかにした一連の研究と、オノマトペの脳内処理に関

する研究で、どちらも筆者（今井）が一翼を担ってきた。これらの研究は、次章の第4章で紹介する。

言語は身体とつながっているという考えにとって、言語的な特徴を多く持ちながら、言語でない要素もあわせもつというオノマトペの性質はうまく合致する。言語の身体性をどこまでも強調していくと、「言語のすべてが身体につながっているのか」という問いに行き着きそうだ。ただ「はじめに」ではっきり述べたように、言語はあくまでも極度に抽象的な記号の体系である。このことは間違いない。すると、身体と、言語という抽象的な記号の体系の間を、何かで埋める必要があるのである。

本書の冒頭で投げかけた問いを思い出してほしい。発生当初から言語はこのように、抽象的で複雑で巨大なシステムだったとは考えにくい。子ども当初から巨大なシステムを持っているはずがない。子どもはどのようなことばを最初に覚えるのか、どのように言語が記号のシステムであることを理解し、どのようにこのような抽象的な意味を持った巨大なシステムを習得し、自分の身体の一部にしていくのかという問いである。

この問題を考える上で、言語の特徴を持ちながら身体につながり、恣意的でありながらもアイコン性を持ち、離散的な性質を持ちながらも連続性を持つというオノマトペの特徴は、ミッシングリンクを埋める有望なピースとなる。言語の進化においても、今を生きる子ども

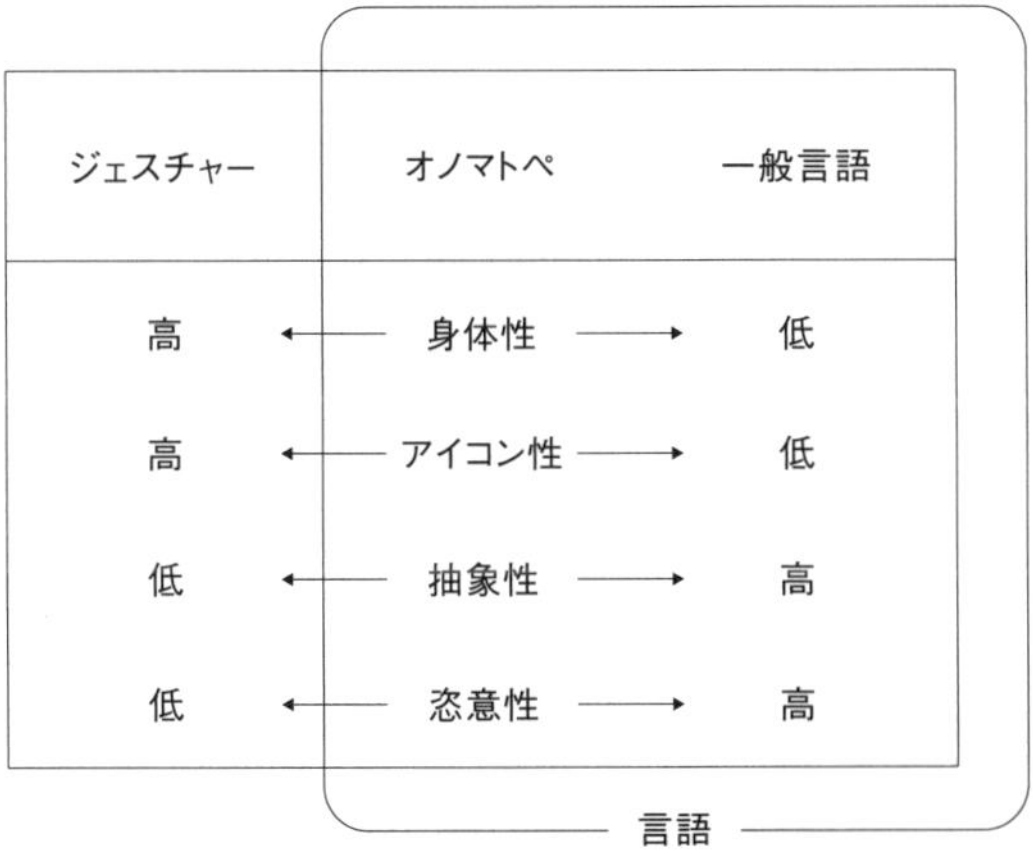

図3－2　身体と一般言語をつなぐオノマトペ

の言語の習得においても、オノマトペは、言語が身体から発しながら身体を離れた抽象的な記号の体系へと進化・成長するつなぎの役割を果たすのではないか（図3－2）。

実際、筆者（今井）が2～3歳の子どもとその親とのやりとりを観察した研究では、親はその場にあるものよりも、ないものを言い表す際に、オノマトペやジェスチャーを多く用いた。オノマトペとある種のジェスチャーは、ともにアイコン的な記号である。親のこうした行動は、対象との類似性を頼りに、子どもをイマ・ココを超えた世界へと誘《いざな》うのだ。

次章以降では、オノマトペがいかにして言語習得・言語進化を促すのか、そして促された言語習得・進化はどのように展開していくのかを考えていく。言語習得という山登りで、オノマトペが有効な手助けとなるのは、比較的早い登り口での段階だと考えられる。オノマトペのみでは言語は習得できないし、オノマトペさえあればそこから自動的に抽象的な人間言語が湧き上がるというものでもない。

そこから先のルートを進んでいくには、オノマトペを離れ、恣意的な言語体系という高い岩壁を越えていく必要がある。それを可能にするのは何か？ ヒトという種の持つどういう能力なのだろうか？ この問いに答えることで、私たちは言語を用いる人間に特徴的な思考の本質に行き着くことになる。

第4章では、まず子どもが抽象的な記号の体系である言語を習得するとはどういうことなのか、その過程においてオノマトペがどのような役割を果たしうるのかを考えていく。

第4章　子どもの言語習得1――オノマトペ篇

第3章まではオノマトペの性質、とくにオノマトペがどのくらい言語の特徴を持っているのかを考察してきた。本章からはいよいよ言語の習得と進化の問題という、本書の本丸に向けて山の中腹を踏みしめていく。本章では、子どもたちが言語を習得する過程でオノマトペがどのような働きをするのかを考える。

しーん　もこ　もこもこ　にょき　もこもこもこもこ　にょきにょきにょき……

詩人の谷川俊太郎と画家の元永定正《もとながさだまさ》のコンビによるロング・ベストセラー絵本『もこ もこもこ』に登場するフレーズである。「しーん」という、音のない静寂を表すオノマトペ。そこから「もこ」と一言。地面がちょっとだけ盛り上がる。ページをめくると盛り上がりが何倍にもなって、「もこもこ」と。次に「にょき」と、小さいモノが顔を出す。盛り上がりはさらに巨大になり、「もこもこもこ」と。にょきっと伸びたモノは食べられてしまうが、「つん」と盛り上がりの頭部からまた出てくる。最後は再び「しーん」となる。

音のリズムに、鮮やかな色と単純で力強いフォルム。ストーリーはあるともないとも言える。赤ちゃんは、そして幼児は、この物語をどのように受け取るのだろう。

子どもの絵本は、オノマトペにあふれている。子どもはオノマトペが大好きだ。子どもを育てたことがある人、子どもが身近にいる人は、彼らがオノマトペを口ずさむ姿を思い出すかもしれない。子どもはなぜオノマトペが好きなのだろう？　オノマトペには子どものことばの発達に、何かよい効果があるのだろうか？

子どもが小さいほどオノマトペを多用する

大人は子どもに話すときには本当にオノマトペを多用しているのだろうか？　まず、この素朴な疑問の真相を確かめるために実験を行ってみた。ソーセージにフォークを突き刺す、紙を丸める、ハサミで紙を切る、浮き輪で水に浮く、など日常的な動作のアニメーションを12種類用意した。

それぞれの動作は動詞を使って表現することもできるが、「ブスッ」「クシャッ」「チョキ

表4－1　大人への発話 vs. こどもへの発話の比較実験に用いたアニメーション

	動作	オノマトペの語根	
1	紙を丸める	クシャ	擬音語
2	ソーセージにフォークを刺す	ブス	
3	のこぎりで板を切る	ギコ	
4	手を叩く	パチ	
5	ハサミで紙を切る	チョキ	
6	腕を回す	ブン	
7	雑巾で床を拭く	ゴシ	擬態語
8	ごみを放り投げる	ポイ	
9	浮き輪で水に浮く	プカ	
10	ご飯をこぼす	ポロ	
11	床に寝転がる	ゴロ	
12	虫をつつく	ツン	

図4－1　アニメ「ソーセージにフォークを刺す」

チョキ」「プカプカ」などとオノマトペで表現することもできる。19組の親子ペアに調査に参加してもらい、そのうち10組は子どもが2歳、9組は3歳だった。保護者は、12種類すべてのアニメ（表4－1、図4－1）を見ながら、自分の子どもに向かってアニメの中身を話してもらった。その後、保護者は、実験者（大人）に対して同じ12種類のアニメについて話をした。

すると親たちは、大人に話すときよりも子どもに話すときのほうが、オノマトペを頻繁に使うことがわかった。しかも、子どもが小さいほど、オノマトペの頻度が高いことが実験からわかったのである（図4－2）。

この実験では、子どもの年齢によって、親がオノマトペの使い方を変えていることもわかった。

オノマトペがそれぞれの発話でどのように用いられたかを探るため、親がオノマトペをどの品詞で使っていたかを分類した。子どもに向けた発話と大人に向けた発話でオノマトペの使われ方に違いがあるかを見てみると、間投詞的な使い方と副詞的な使い方に大別することができた。間投詞というのは、文の中で文法的な役割を担うのではなく、「あーっ」や「どっこいしょ」などのように、口をついて出ることばである。感情や態度が思わず声として出てしまう感じで発話されることが多い。オノマトペも、「くしゃくしゃー、くしゃくしゃー」のように完全にオノマトペ単体で使われるものが子どもに向けた発話ではよく見られた。これも間投詞的な使い方である。

それに対して、大人に向けられた発話では、「くしゃくしゃに、丸めています」のように動詞を修飾する副詞的な使い方がもっとも目立った。そのほか、「くしゅくしゅしてるよ」のように「する」と結びつき、動詞的な役割を担っていると見なせるものが、子ども向け発話にも大人向け発話にもいくらか見られた。

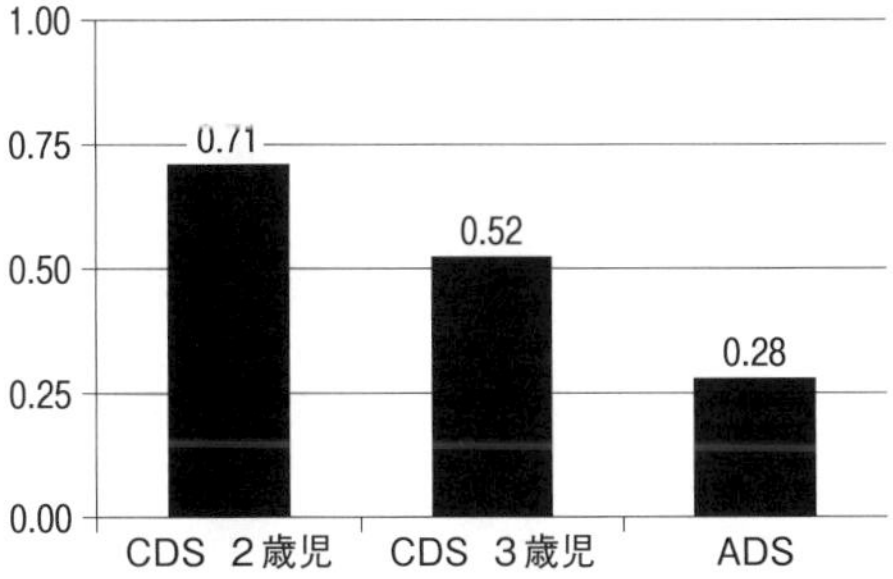

図4－2　**動作説明のときにオノマトペを使用した割合**
CDS：Child Directed Speech は子どもに向けた発話、
ADS：Adult Directed Speech は大人に向けた発話

第5章で詳しく述べるが、物事を描写するオノマトペが述部に入って活用されてしまうと、オノマトペのアイコン性（音と意味の類似性）が薄まり、音と意味のつながりを感じにくくなる。一方、述部の外に現れる語は、高いアイコン性を持ちやすい。中でも間投詞はもっとも述部から独立しており、声の調子もダイナミックに調整しやすいため、オノマトペのアイコン性を保ちやすい。これを踏まえると、親は子どもに話しかける際、できる限りアイコン性を高める形でオノマトペを使う傾向があると言える。

絵本の中のオノマトペ

おもしろいことに、絵本でも、対象とする子どもの年齢層ごとに、オノマトペの使われ方に違いがある。0歳用の絵本は、『もこ　もこもこ』のように、1ページにオノマトペを一つだけ印象深く使うものが目立つ。文の中で使われるのではなく、オノマトペ単体である。子どもはひたすらオノマトペの音と絵の絶妙なマッチングを感覚的に楽しむ。

2歳半以降の幼児を対象にした絵本では、ことばが組み合わされ、簡単な句や文が使われるようになる。ここでのオノマトペは少し違った役目を担う。『しろくまちゃんのほっとけーき』は、文字どおり主人公のしろくまちゃんがホットケーキを作る絵本である。どろっとしたタネがフライパンに落とされ、火が通っていくと気泡ができて音がしてくる。片側が焼けてきたらシュッとひっくり返され、フライパンにぺたんと着地。まだ生焼けだった側にも火が通ってきてふっくら、そしていい匂い。最後にフライ返しで投げてお皿に到着。おいしいホットケーキのできあがり。

一連の過程を表すと、長い、複雑な文章になるが、それでは1、2歳の乳児にはとても理解できない。でもオノマトペを重ねるとどうだろうか。

ぽたあん　どろどろ　ぴちぴちぴち　ぷつぷつ　しゅっ　ぺたん　ふくふく　くんくん
ぽいっ

すでにこれらのオノマトペを知っている大人はもとより、知らなかった赤ちゃんにも、音、匂い、触感、火が通っておいしくなっていくさまが感じ取れる。視覚、嗅覚、触覚など複数の感覚にまたがったホットケーキの変化の様子が一場面一場面、鮮やかに目に浮かぶ。単語や構文を理解できない赤ちゃんでも十分楽しめる。

もう少し大きい幼児（3歳から5、6歳）を対象にした絵本ではオノマトペはどう使われているだろうか？

たまごは　やまを　ころがって、　ころころ　ころころころころがって、
いわに　ぶつかり、ぽーーーんとはねて、　ようやく、ストンと　とまりました。

アレックス・ラティマー著、聞かせ屋。けいたろう訳の絵本『まいごのたまご』からのフレーズである。迷子になってしまった恐竜の卵の親を、みんなで探す話だ。この絵本は、

『もこ もこもこ』や『しろくまちゃんのほっとけーき』と違い、なかなか長いストーリーだ。一文一文も長い。動詞もよく使われる。この2行だけでも、「ころがる」「ぶつかる」「はねる」「とまる」という四つの動詞がある。

先ほど、日常場面のアニメーションを保護者に説明してもらう実験について述べた。2歳児に向かって話すときはオノマトペを単体で使うが、3歳児に話すときには動作を修飾する副詞としてオノマトペを使うことが多かった。

絵本の作り方もこれと同じ構造をしている。0歳の乳児の言語学習の主眼は、おもに母語の音や韻律の特徴をつかみ、音韻の体系を作り上げることである。0歳児の絵本は意味を伝えるよりも音を楽しむ。

1歳の誕生日を迎える頃から、本格的に単語の意味の学習が始まる。意味の学習を始めたばかりで意味を知っていることばがほとんどない時期は、単語の音と対象の結びつきを覚えるのも簡単ではない。オノマトペの持つ音と意味のつながりが、意味の学習を促す。

2歳近くになると語彙が急速に増え、文の意味の理解ができるようになる。しかし文の中でも動詞の意味の推論はまだ難しい。そのときに、オノマトペが意味の推論を助けるのである。子どもを育てる親たちも、絵本作家たちも、そのことを直感的に知っていて、子どもの言語の発達段階に合わせ巧みにオノマトペを使って、子どもが必要とする援助を無意識に行っているのだ。

オノマトペは言語の学習に役に立つのか

大人が子どもに対してオノマトペをこのように使うのには何か理由があるはずだ。どのような理由なのだろうか?

この問題は実は非常に深い。なぜならこの問題を考えるためには、子どもは生まれたときにどのような能力のもとでオノマトペの持つ音と意味のマッチングがわかるのか、という問題を考えなければならないからだ。そして、ことばの学習にオノマトペがどのように役立つのかということも考える必要がある。「子どもはなぜオノマトペが好きなのか」という、一見単純に見える問題から考え始めると、そこからどんどん新たな問いが生まれてくるのだ。

以下、オノマトペを多用することが、言語の学習のどのような側面に役立つのかを考察していこう。

音と形の一致・不一致がわかるか

ある対象(モノ)といっしょにことばの音声を聞いたとき、そもそも赤ちゃんはそれをどのように認識しているのだろうか? まずこのことを調べたい。子どもに自分の考えをことばで表現してもらうことは、4、5歳くらいでも簡単ではない。ましてや話ができない赤ちゃんの認識をいったいどのように調べることができるのだろうか？

この年齢の赤ちゃんは、知っていることばが非常に少なく、情報処理の能力も限られている。そのことばを聞いたことがあっても、正しい対象をすぐに見つけることは難しい。たとえばモニターにボールとバナナの絵を提示し、「ボールを見て」と言われてもすぐにボールを見ることができない。「ボールを見て」と言われてボールを見るために必要な情報処理はかなり複雑である。

①この文を単語に切り分けて「ボール」ということばを取り出す。
②自分の記憶貯蔵庫にある「ボール」という音の列と照合する。
③さらに、その音と結びついたモノのイメージにアクセスして、今見ているモノが自分の記憶にあるイメージと「同じ」かどうかを判断する。
④上記の判断に基づいて、「ボール」と判断した対象を見る。「見る」という行為自体、眼球を動かして対象に視線を向け、駐留させる、という運動制御も必要である。

このように「ボールを見て」に「正しく反応」するためには複雑な情報処理が必要で、

「ボール」ということばを知っているか否かということ以前に、11か月の赤ちゃんには情報処理能力の点からハードルが高い。

では「見る」ことをどうやって調べる（＝測る）のか。発達心理学者はよく脳の反応を用いる。脳の情報処理は、電気信号の伝達で行われる。外界から視覚情報や聴覚情報が入ってきた瞬間から、脳の情報処理のタイムラインに沿って、脳のさまざまな部位での電気信号が変化する。この変化を測定することが可能である。しかもこの脳の反応（脳波）は、赤ちゃんが指示に従って対象を見たり、手を伸ばして取ったりという特別な行動を取る必要がなく、情報処理に負荷がかからない状態で赤ちゃんの認識を調べることができるという利点がある。

もう一つ、脳波を使ったこれまでの研究でおもしろいことがわかっている。1歳を過ぎた赤ちゃんに、知っている単語を聞かせ、モノを見せたとき、モノが単語と合っているときと、合っていないときで、違う脳波のパターンが見られるのだ。

たとえば「イヌ」という音なのに、絵はネコの絵だとする。すると、「イヌ」という音と同時にイヌの絵が見せられたときに比べ、音の始まりから0・5秒くらいたったところ（400ミリ〜600ミリ秒）で、脳の左右半球の真ん中付近、正中線上に沿った部分の電位が下がる。これは、大人でも単語と指示対象が不整合だったり、文脈に合わなかったりしたときに見られる反応で、一般的にN400と言われる。Nはネガティヴ（陰性の電位変化）、4

00は400ミリ秒を指す。つまり、赤ちゃんが音声を「ことば」と認識し、ビジュアル刺激（絵）をそのことばが指し示す対象としては「おかしい」と判断するときに見られる反応である。これを踏まえて筆者らは、生後11か月の赤ちゃんを対象に、脳波を認識の指標とした実験を行った。

ことばの音が身体に接地する第一歩

図4-3の二つの図形のうち、どちらが「キピ」で、どちらが「モマ」だろうか？　ほぼ全員が、丸い方が「モマ」で、尖っている方が「キピ」であると直感的に感じる。第2章で見た「マルマ／タケテ」と同様、この直感は日本語話者だけではなく、世界中の異なる言語話者の間で共有されているようである。この直感的な音と形のマッチングを、11か月の赤ちゃんも感じることができるのだろうか？

このことを調べるため、赤ちゃんにことば（音）と対象の組み合わせを次々と提示していった。そのうちの半分は「合っている」組み合わせ（丸い形に「モマ」、尖った形に「キピ」）で、残りの半分は「合っていない」組み合わせ（丸い形に「キピ」、尖った形に「モマ」）である。合っているペアと合っていないペアは規則性を持たないようにランダムな順序で提示した。筆者らはこのように予測した。音と形が合っているか合っていないかを赤ちゃんが認識

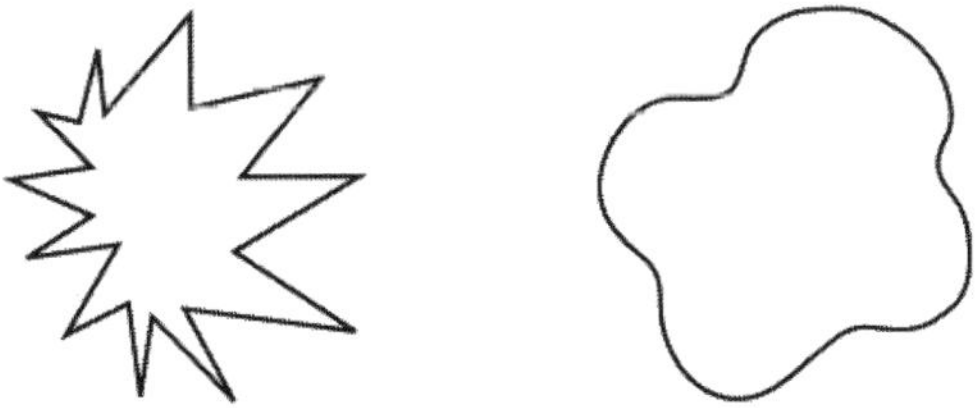

図4－3　どっちが「モマ」？　どっちが「キピ」？

できるならば、二つのケースで違う脳の反応が見られるはずだ。

実際、この仮説は正しかった。しかもそれだけではなく、なんと、「合っていない」組み合わせを提示したときに、大人が「イヌ」という音を聴いてネコの絵を見たときと同じ反応、つまりＮ４００の脳波の反応が見られたのである。

この結果はおもしろい可能性を示唆している。まだほとんどことばを知らない11か月の赤ちゃんは、人が発する音声が何かを指し示すものであることをうっすらと知っているのだ。しかも、「音の感覚に合う」モノが、単語が指し示す対象かどうかを識別している。だから単語の音声が、音の感覚に合わないモノと対応づけられると違和感を覚えるのだ。

第2章で、大人がオノマトペを言語として、また環境音として二重処理をすると述べた。対象とことばの音が合うと、脳の左半球の言語の音処理を担う部位も活動するが、それより強く右半球の環境音を処理する部位（上側頭溝）が活動するのである。

実は言語学習をまだ本格的に始めていない赤ちゃんも、ことばの音と対象が合うと右半球の側頭葉が強く活動することがわかった。脳が、音と対象の対応づけを生まれつきごく自然に行う。これが、ことばの音が身体に接地する最初の一歩を踏み出すきっかけになるのではないか。

名づけの洞察——ヘレン・ケラーの閃き

ことばの音と対象の対応づけが自然にわかると、何がもたらされるか？　これを何回か経験すると、「単語には意味がある」という洞察を赤ちゃんが得ることができるのだ。

一般的に、ことば（単語）はその音から意味を推察することができない。「フィッシュ」「ポワソン」「ユイ」。これらは英語、フランス語、中国語でそれぞれ〈魚〉を意味する単語である。とくに〈魚〉を思わせる音ではないし、互いに音が似ているわけでもない。つまり、ことばの音と意味の間には、直接的な関係はない。

しかしオノマトペは違う。「トントン」と「ドンドン」、「チョコチョコ」と「ノシノシ」など、それぞれの単語の音は意味とつながっている。つまり音が意味を教えてくれるのだ。音をちょっと変えて、「チョカチョカ」「ノスノス」にしても、軽い感じ、重くてゆっくりした感じは保たれる。普通のことばだとそうはいかない。たとえばサカナの最後の母音を変えてサカノにすると、サカナとはまったく関係ない意味になってしまう。

言語をすでに使いこなしている私たち大人にとって、音声のことばにはそれぞれ指し示す対象があり、意味を持つ、という「名づけ」は、当然のもののように思える。しかし、考えてみると、赤ちゃんはどのように名づけに気づくようになるのだろうか？

対象それぞれに異なる名前があるということは、実は偉大な洞察なのである。視覚と聴覚を失《な》くしたヘレン・ケラーは、掌《てのひら》に冷たい水を受けているときにサリバン先生が"water"と指文字で綴ると、その指文字とは掌に流れる冷たい液体の名前なのだという啓示を得た。このエピソードをご存じの方は多いだろう。

それ以前にもヘレンは、モノを手渡されるそのときどきに、サリバン先生の指が別々の動きをしていることに気づいていた。しかし、彼女が手で触れるサリバン先生の指文字の形がその対象の「名前」だということには気づいていなかった。それまで、指文字を覚え、対象を手渡されれば指文字を綴ることができたが、ヘレンはのちにそれを「猿まねだった」と回想している。ヘレンは、*water*という綴りが名前だということに気づいたとき、すべてのモノには名前があるのだという閃《ひらめ》きを得た。この閃きこそが「名づけの洞察」だ。

名づけの洞察は、言語習得の大事な第一歩である。人間が持っている視覚や触覚と音の間に類似性を見つけ、自然に対応づける音象徴能力は、モノには名前があるという気づきをもたらす。その気づきが、身の回りのモノや行為すべての名前を憶えようとするという急速な語彙の成長、「語彙爆発」と呼ばれる現象につながるのだ。語彙が増えると子どもは語彙に潜むさまざまなパターンに気づく。その気づきがさらに新しい単語の意味の推論を助け、語彙を成長させていく原動力となるのである。

音と意味が自然につながっていて、それを赤ちゃんでも感じられることが、「単語に意味がある」という「名づけの洞察」を引き起こすきっかけになるのではないか。だから大人は赤ちゃんにオノマトペを多用するのだろう。（しかし、これは重要ではあるが、きっかけにすぎず、赤ちゃんが名づけの洞察を得るにはさらなる認知能力を想定する必要がある。このことは第6章で詳しく述べる。）

クワインの「ガヴァガーイ問題」

赤ちゃんがとくに訓練をしなくても、音と対象の間の対応づけをすることができることは、実験結果で確かに示された。しかし、対象が一つ見つかるだけでは厳密には「ことばの意味」を学んだことにはならないし、そのことばを使うことができない。ことばを使うためには、最初に結びつけられた指示対象だけではなく、他のどの対象にそのことばが使え、どの対象には使えないのかを見極められなくてはならない。

これはなかなか難しい問題である。とくに動詞については難しい。というのは、動詞はおもに動作や行為を指すが、動作・行為には必ずモノ（動作主、動作対象、道具など）や背景など、動き以外の情報が多く含まれるからだ。

たとえば、図4‐4のイラストのAは「竹を踏んでいる」、Bは「カンをつぶしている」と表現し分けることができる。しかし実は二つのシーンは、足を対象に押し付けているという点でとても似ている。それにもかかわらず、「踏む」は〈足で〉下方向に力を加えることが意味のコア（中核）にあるが、「つぶす」の場合は力を加えるのは足でなくて手でもよいので、〈足で〉は意味のコアには含まれない。後者の場合には、力を加えた結果、もともと厚みのあったモノが平らに変形することが意味のコアとなるので、〈初期状態においてモノに厚みがある〉ことがコアに含まれる。イラストのような一事例を見ただけでは、大人でも到底この意味にたどり着くことはできないだろう。

この問題は、アメリカの哲学者であるウィラード・ヴァン・オーマン・クワインが「論理的解決が不可能な問題」として提唱し、彼の出した例にならって「ガヴァガーイ問題」と呼ばれている。まったく知らない言語を話す原住民が野原を跳びはねていくウサギのほうを指差して、「ガヴァガーイ」と叫んだ。「ガヴァガーイ」の意味は何か？　私たちは直感的には当然〈ウサギ〉だと思う。しかし原住民は、〈野原を駆け抜ける小動物〉を指して「ガヴァガーイ」と言ったのかもしれない。〈白いふわふわした毛に覆われた動物〉かもしれないし、〈白い毛〉なのかもしれない。あるいは〈ウサギの肉〉という意味だったかもしれない。クワインは、一つの指示対象から一般化できる可能性はほぼ無限にあると指摘したのである。そして、この問題は、ことばを学習する子どもたちがつねに直面する問題である。

図4-5のような登場人物一人の単純な動きを表す動詞でも簡単ではない。このシーンを見ているときに、「ネケっている」という、オノマトペではない、音と意味の間につながりのない動詞を聞いたとしよう。「ネケっている」とは、〈ウサギがしている動き〉なのか、〈歩いている〉なのか、〈しこを踏むようにゆっくりのっそり足を交互に踏み出しながら歩く〉なのか。その解釈によって、「ネケる」が使える範囲は大きく異なってくる。

実験を見てみよう。3歳くらいの子どもが、図4-5のようなウサギの動作を見ながら「ネケっている」という動詞を教えられる。その後、クマが同じ動作をしている動画と、同じウサギが別の動作である小股で小刻みに進んでいる動画を見せられ、「ネケってるのはどっちのビデオ?」と聞かれると、どちらかわからない。しかし、「ノスノスしている」という実際には存在しないオノマトペ動詞を教えると、クマが同じ動作をしているほうを迷いなく選ぶことができることがわかった。「ノスノス」には音と意味の対応があるため、どの動作に動詞が対応づけられるべきなのかが直感的にわかるのである。

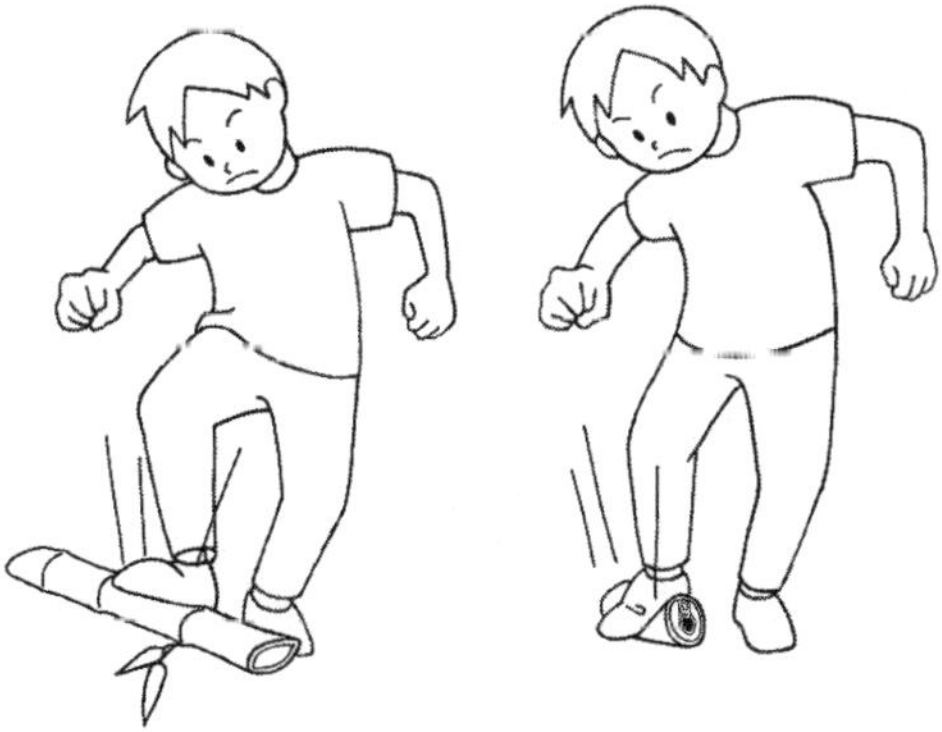

図4－4　「踏む」（左）と「つぶす」（右）

図4－5　「ノスノスしている」

しかも驚いたことに、この効果は日本人の子どもに限らないこともわかった。英語を母語とする3歳児も、日本人の子どもと同じように動詞の学習にてこずり、図4‐5のような動きに feppingのようなオノマトペではない新造動詞を用いると、動作主が変わってしまったときに、やはり新造動詞を同じ動作に対して使えない。英語ではオノマトペは日本語ほど豊富にないし、子どもたちは日本語のオノマトペをまったく知らないのだが、それでも doing nosu-nosuというと、クマがする同じ動作にこの新奇な動詞を一般化して使うことができた。すなわち、人物に注目するのか、動き方に注目するのか、移動する方向に注目するのかという曖昧性のある中で、オノマトペの音は子どもに、どの要素に注目すべきかを自然に教えるのである。オノマトペには音と動作の対応があるので、一般化の基準となる意味のコアをつかむ手助けとなるのである。

単語が多義であることも学べる

第3章で述べたように、それぞれの単語が幅広い文脈で使われ、幅広い意味を持つこと、つまり多義であることも言語の重要な特徴の一つである。たとえば、動詞の「切る」にはどのような意味があるだろうか？

①野菜を包丁で切る
②洗った野菜の水を切る
③電話を切る
④パソコンの電源を切る
⑤契約を（打ち）切る
⑥期限を切って試してみる
⑦先陣を切る

少し考えただけでもこれだけ多様な使われ方が思い浮かぶ。

子どもは動詞の一つの意味を覚えるだけでも苦労している。ましてや一つの動詞のさまざまな意味を覚えるのは並大抵の苦労ではない。ある単語の意味を覚えると、その意味と違う意味でその単語が使われる文を読んだとき、文の意味に合わせて単語の意味を考えるより、知っている意味に合わせて誤って（自分勝手に）文の意味を考えてしまうのだ。そもそも一つの単語に多様な意味があること、つまり単語は多義であることを理解していない。

オノマトペは単語が多義であることを子どもが理解するための足場をかけることができる。オノマトペもまた、多様な文脈で使われ、多義だからだ。「コロコロ」を例に考えてみよう。

①ボールがコロコロと転がる
②社長の話はコロコロと変わる
③僕たちのチームはコロコロと負け続けた
④コロコロとしたかわいい子犬
⑤アマガエルがコロコロと鳴いている

それぞれの文脈での「コロコロ」の意味を単独に考えるとずいぶん違う。小さくて軽いものが回転しながら動いている。モノが回転するように話の内容が変わっている。丸くて軽いものが自然に回転するように簡単に負ける。毬《まり》のように丸々としたかわいい子犬。軽いものが回るようなイメージの軽く続く鳴き声。

「切る」のように、音と意味の関係がわかりにくいと、〈ハサミなどの刃物で対象を分断する〉意味から電気や電源を切ったり、期限を切ったりする意味への関係性がわかりにくく、子どもや外国の日本語学習者は戸惑うだろう。しかし「コロコロ」だと、その音から軽い、丸いというイメージを持ちやすいので、かなり離れた意味もなんとなくわかる感じがする。

この経験が、子どもに、「ことばの意味は文脈によって変わる。だから自分の知っている意味を押し付けて文脈をむりやり解釈するのではなく、文脈に合わせて意味を変えるほうがよい」という洞察を与えると考えられる。

オノマトペは言語学習の足場

オノマトペが持つ音と意味のつながりが赤ちゃんを助けるのは、単語の意味の学習だけではない。オノマトペは（とくに日本語の中では）、さまざまな規則性に則《のっと》って使われている。

第3章で述べたように、要素から新しい意味を持つ新しい単語を作り出すオノマトペの生産性は、驚くほど高く、システマティックである。たとえば、「パ」という語根をもとにして、「パッ」「パッパ」「パン」「パンパン」、さらに「パーッ」「パパッ」「パーン」「パパパーン」などが作れる。一拍の語根からでも、これだけのバリエーションが派生される。

これが二拍の語根（たとえば「チク」「パチ」「パク」）になるとさらに生成性は高まる。仮に、四つの子音と五つの母音の組み合わせだと、論理的には一拍の「子音＋母音」の場合には20個の語根ができるが、二拍の場合は400個の語根ができることになる。さらに、それぞれの語根に重複や接辞付加といった操作を施すことで、「パク」から「パクッ」「パクン」「パクリ」「パックリ」「パクパク」「パクパクッ」「パックン」のようにさまざまな形態を作ることができる。

いくつかの語根においてこのようなバリエーションのパターンがあることを観察すると、子どもはすかさずそれを他の語根にも使い、自分でオノマトペを作るようになる。第3章で紹介した、ショベルカーを「ばよっ　ばよっ　ばよっ」と写したエピソードもその例である。

軸となる要素（語根）に規則的に小さな要素（接辞）がついて、意味を変化させることができるというのはオノマトペに限らず、あらゆることばが持つ大事な特徴である。たとえば、「確か」という語は、「確かさ」「確かめる」「不確か」「不確かさ」のように派生する。同じようなことは、「笑う」→「笑わす」（使役）→「笑わされる」（受身）→「笑わされます」（丁寧）→「笑わされました」（過去）のような動詞の語形変化にも見て取れる。

接辞を組み合わせて、単語の意味を変化させる。そのようにして作られた単語を文法規則によって組み合わせて、文を作る。そもそも言語が持つ意味とは要素の組み合わせで作られているのである。

オノマトペは言語のミニワールドである。一般的なことばと同じように、語根に接辞がついて意味が変化する。絵本の中でオノマトペは豊富に使われる。絵本を読んでもらいながら、子どもは軸となる要素につく小さい要素がいろいろあることに気づく。ことばは要素の組み合わせで構成されることに気づき、大きな塊から小さい要素を抽出してその意味を考える。絵本で多用されるオノマトペから、単語の意味だけでなく文法的な意味を考える練習もしているのである。

まとめ

子どもが言語を学ぶということは、単に単語の音とその単語が表す対象の対応づけを覚えるということではない。言語を成り立たせているさまざまな仕組みを自分で発見し、発見したことを使って自分で意味を作っていく方法を覚えることである。

子どもが最初に発見しなければならないのは、自分がこれから覚えて使っていく言語には意味があること、言語の意味の基本単位は単語であること、単語は音の組み合わせから成り立っていること、組み合わせには規則（文法）があり、組み合わせを変えると違う意味を作ることができることなどである。子どもはこんなにたくさんのことを、一つひとつ、自分の力で学んでいかなければならないのだ。

子どもはオノマトペが大好きだ。オノマトペが感覚的でわかりやすいというだけでなく、場面全体をオノマトペ一つで換喩的に表すことができる、声の強弱や発話の速さ、リズムなどに感情を込めやすいなどの理由による。オノマトペは子どもを言語の世界に引きつける。それによって子どもはことばに興味を持ち、もっと聞きたい、話したい、ことばを使いたいと思う。それだけでもとても大事な働きだが、オノマトペに親しむことで子どもは言語のさまざまな性質を学ぶことができるのである。たとえば次のような気づきがあるだろう。

①オノマトペのリズムや音から、母語の音の特徴や音の並び方などの特徴に気づく。（オノマトペは、一般語とほとんど変わらない音で構成されている。）

②音と視覚情報の対応づけを感覚的に「感じる」ことによって、耳に入ってくる人が発する「音」が何かを「指す」ということに気づく。それは「ことばは意味を持つ」という気づきにつながる。

③母語特有の音と意味の結びつき（たとえば、音の清濁と対象の大きさとの対応）を感覚的に覚える。これは大人になってオノマトペを効果的に創造的に使う、つまり新しいオノマトペを状況に即して即興的に作っていくための基礎となる。

④たくさんの要素がありすぎる場面で、オノマトペのアイコン性は単語が指し示す部分に子どもが注目するのを助け、その意味を見つけやすくする。動詞や形容詞は、目の前に見える対象そのもののごく一部を切り取ったものが意味になる。動詞を学習するときは、動作主、動作対象、道具、背景などたくさんの要素からなる場面で動きや行為にだけ注意を向けなければならないし、形容詞を学習するときはモノの触覚、模様、大きさ、重さなど、特定の特徴だけを取り出さなければならない。オノマトペは子どもが目の前の情報を「切

オノマトペから得る気づき

① 母語の音・並び方の特徴

ワニ、ワイシャツ …（一般語）
‖
「ふわふわ」
‖
フトン、フグ、トウフ…（一般語）

② 人の発する「音」が何かを「指す」こと
→ ことばは意味を持つことに気づく

③ 母語特有の音と意味の結びつき

「ゴトゴト」＝大きい ←→ 「コトコト」＝小さい

→ 自分でオノマトペを作れるようになる

④ 子どもが注目するべき部分、
ことばの意味を見つけやすくする働き

図4－6　オノマトペの役割

り出す」ための武器となる。

これらを統合してまとめてみると、言語習得におけるオノマトペの役割（図4－6）は、子どもに言語の大局観を与えることと言えよう。何の知識も持たない状態から始めなければならない子どもと、抽象的な記号の膨大かつ複雑な体系である言語の姿。最初は歩くことはもとより、立つこともできなかった子どもが、どのような方法をもって言語という高い山を登りきることができるのだろう？　その秘密に迫ることが、記号接地問題、そして言語習得の謎を解き明かすことなのである。

本章では、音とそれ以外の感覚モダリティの対応づけを助けるオノマトペのアイコン性が、言語という膨大で抽象的な記号の体系に踏み出す赤ちゃんの背中を押し、足場をかけるという大事な役割を果たすことを述べてきた。だが、それだけでは言語を習得することはできない。言語学習の初心者が、どのようにオノマトペから離れながら膨大な数の抽象的なことばを自分の身体の一部にしていくのかは第6章で述べる。

しかし、その前に、次の第5章では、いったん視点を子どもから「言語」に移し、言語はどのようにオノマトペから離れて巨大な記号の体系に成長していったのかという、言語の進化を考えていこう。

第5章　言語の進化

オノマトペの音と意味のつながりは赤ちゃんでもわかる。それが赤ちゃんに、自分がこれから学んでいく母語について、大人が発する声にいかなる意味があるのか、その音にはどういう特徴があるのか、などのざっくりした直感的な理解を与えてくれる、ということを前章で述べた。

しかし、言語はオノマトペだけでできているわけではない。語彙の大半は、「音に意味のない普通のことば」である。しかも、ことばが単独でバラバラに存在しているわけではなく、互いに関係づけられた巨大なシステムになっている。言語習得の問題を大局的に考えてみると、子どもはオノマトペ以外の膨大な数のことばを覚え、さらにそれらとシステムの中の他のことばの関係を発見し、最終的には自分で巨大な意味のシステムを構築していかなければならない。子どもは、アイコン性（音と意味の類似性）の支援なしに、どのように膨大な量の記号の体系を覚えていくことができるのだろうか？

　オノマトペとは何かという問いから筆者たちが始めた探究は、マトリョーシカのように、どんどん新たな問いを生んでいった。探究とは、より本質的な問いとの出会いである。こうして、オノマトペの性質や役割を明らかにしたいという筆者たちの探究は、「言語習得」「言語進化」を考えることに変わり、いつしか「言語の本質」という、エベレストの山頂を目指すような旅になっていった。この山は最短距離で直線的に登ることができない。いたる所で遭遇する難所をうんうん言いながら越えたり、迂回《うかい》したりして、ルートを開拓しながら進んでいかなければならないのだ。

　本章では、なぜ言語進化の過程で多くのことばは「オノマトペ性」が薄まり、語彙の大部分は「恣意的な記号の体系」となっていったのかを考える。しかし、その考察をするための前提として、言語の身体性についてあらためて考えなければならない。

　これまで、オノマトペの持つ身体性について述べてきた。しかしすべてのオノマトペの身体性は、本当に直接に身体につながっているのだろうか？　逆に、普通のことばには身体とのつながりは存在しないのだろうか？　これらの疑問を考えていくと、そもそも身体性とは何なのか、という疑問に行き着く。

言語の理解に身体性は必要か

言語には身体性があるのか。あるいは必要なのか。言語学では伝統的に、ことばに身体とのつながりはなく、その必要もないという考えが主流だった。オノマトペはこの見解に反する。それどころかオノマトペの存在自体が、この見解への挑戦である。この事実に対し伝統的な言語学では、オノマトペは言語の周辺にあり、取るに足らない例外であるという見解を示していることを第3章で述べた。

この考え方は初期（1990年以前）の人工知能（AI）研究でも共有されていた。この時代のAIでは、人間の知識の実装をする際の単位は単純な概念を表す記号であり、その記号を組み合わせればどんなに複雑な概念も作り出すことができると想定していた。

しかし、ひとたび言語を「意味を運ぶ媒体」と考え、意味がどのように始まるのかという問題を考えると、人間が話す言語が身体から分離された抽象的な記号から始まっているという考えは直感的に受け入れがたい。人間がコミュニケーションの道具としてそれぞれの意志や感情を他者に伝え、コミュニティの合意を形成するために大切な言語に用いられる記号の体系は、身体を経て得られる感覚、知覚、運動、感情などの情報に由来する意味を持っているはずである。しかし同時にことばは、身体性から離れて独自の意味をも持ちえる。このような言語の二面性は、どのような道筋をたどれば可能になるのだろうか？

永遠のメリーゴーランド

この疑問は、認知科学において今なお未解決の難問とされている。「はじめに」で触れた、筆者たちの探究のきっかけとなった「記号接地問題」である。

認知科学者のスティーブン・ハルナッドは、人間が機械に記号を与えて問題解決をさせようとしたAＩの記号アプローチを批判し、記号の意味を記号のみによって記述しつくすことは不可能であると指摘した。言語という記号体系が意味を持つためには、基本的な一群のことばの意味はどこかで感覚と接地（ground）していなければならない、というのが彼の論点である。彼はこの問題に具体的なイメージを与えるため、外国語を外国語の記号のみから学習する事態を例に挙げている（今井訳）。

> あなたは中国語を学ぼうとするが、入手可能な情報源は中国語辞書（中国語を中国語で定義した辞書）しかないとしよう。するとあなたは永遠に意味のない記号列の定義の問をさまよい続け、何かの「意味」には永遠にたどり着くことができないことになる。

まったく意味のわからない記号の意味を、他の、やはりまったく意味のわからない記号を使って理解することはできない。他方、中国語の語を母語の語を介して理解することは可能である。母語の語は「感覚に接地」しており、接地した語を通じて接地していない外国語の記号を理解することが可能なのである。

ハルナッドの提起した記号接地問題は、子どもが母語を学習する際に実際に起こる問題でもある。意味を知っていることばを一つも持たない子どもは、まったく意味のない記号を使って新たに記号を獲得することはできない。言語と感覚とのつながりをまったく知らない子どもが、辞書を用いて言語を学習することは不可能である。

一方で、成人はおよそ感覚に接地しているとは思えないような概念をも、あたかもそれが感覚と接地しているかのように言語的に表現することができる。実際、私たちの言語には目に見えない、物理的な実体を持たない抽象概念を表す語が多く含まれている。たとえば「愛」ということばを例に考えてみよう。「愛」という語が指し示す概念には、物理的な実体はない。「愛」ということばを知らない子どもは「愛」という感情を理解できないだろうか？

直観的に考えれば、子どもは少なくとも自分に向けられた「愛」については、「愛」という語を知らなくても理解できる。

今度は、機械が「愛」を理解できるかを考えてみよう。たとえば自然言語処理システムに、「愛」の定義をことばで与えたら（たとえば、日本で出版されているすべての辞書の「愛」の語釈をすべてインプットするなど）、機械は「愛」の意味を理解できるだろうか？

ところで、これまで「身体的」ということばを頻繁に使ってきたが、そもそも「身体的」とはどういうことだろうか？ 実はこれは言語とは何かという問題を考える上で本質的な問題である。逆に考えると、オノマトペの意味は「身体的」なのだろうか？

ハルナッドは、機械が辞書の定義だけでことばの意味を「理解」しようとするのは、一度も地面に接地することなく、「記号から記号への漂流」を続けるメリーゴーランドに乗っているようなものだと述べている。他方、永遠に続くメリーゴーランドに乗り続ける状態を回避するためにすべての記号が身体に直接つながっている必要はないとも言う。最初の一群のことばが身体に接地していればよい。身体につながっていることばをあるボリュームで持っていれば、それらのことばを組み合わせることで、あるいはそれらのことばと対比させることで、直接の身体経験がなくても、身体に接地したものとして新たなことばを覚えていくことができるのである。

この考えは発達心理学の観点からしごく納得できるものであるが、言語習得のメカニズムを理解するために本当に大事なのは、これ以降の詳細である。ここからどのようにしたら身体から離れていけるのか。そのプロセスを詳細に理解したい。しかし、この点に関してのハルナッド自身の考察はここで終わってしまっているので数々の疑問が残されている。最初の身体に接地されたことばの一群とはどういうことばなのだろうか？　そこから言語はどのように身体から離れていくのだろうか？　この二つは言語習得、ひいては言語進化にとってもっとも大事な問いである。

AIは記号接地問題を解決できるのか

身体性とは実は一筋縄でいかない概念なので、少しだけ概念の歴史的背景を紹介しつつ整理しておきたい。

すでに述べたように、AIで「身体性」という概念が注目されたのは、「記号主義」への反論としてであった。では「機械が身体性を持つ」ためにはどうしたらよいのだろうか？初期のAIには計算する「頭脳」しかなかった。コンピュータは身体を持たないから、身体につながりようがない。だから頭脳に身体を持たせればよい。視覚情報はとても重要だから、機械に目となるカメラをつけ、ビジュアルな情報を取得させる。あるいは、センサーつきの手足を持たせ、感覚情報、とくに触覚情報を取得させる。これが、一部のAIの研究者たちが推しすすめたロボット研究である。

ただ、一つ困ったことがある。感情の問題だ。感情を表す表現は、コミュニケーションの中でとても重要である。感情を直接に表現することばは豊富である。オノマトペなら「ワクワク」「ドキドキ」「イライラ」「ムカムカ」「カーッ」、一般語では「うれしい」「悲しい」「楽しい」「怒る」など。また、感情を表すことばは、直接感情を表すいわゆる「感情語」に限らない。

桜の花びらが散っている様子を「ひらひら」や「はらはら」と表す。どちらも、よく耳にする表現である。しかし、「はらはら」にはどこか切ない、哀愁を帯びた感じがその意味に含まれ、「ひらひら」にはそれがない。多くの人は「さらさら」「すべすべ」「もふもふ」はここちよい手触りと感じ、「ざらざら」「べたべた」には嫌な印象を持つ。この「感情価」はことばの意味の重要な一部である。

筆者（今井）は、たくさんの触覚のオノマトペを辞書から集め、大学生にそれぞれのことばを硬さ、凸凹《でこぼこ》感、摩擦、弾力、粘性（粘り気）、湿り気、好感度という七つの軸で評価してもらい、主成分分析という統計手法を用いて、七つの軸が相互にどう関係しているかを見てみた。それを視覚化したのが、図5-1である。図中の数字は、評定してもらった触覚に関するオノマトペを表している。たとえば、1は「さらさら」、2は「すべすべ」、26は「ぬるぬる」、27は「ぎとぎと」である。

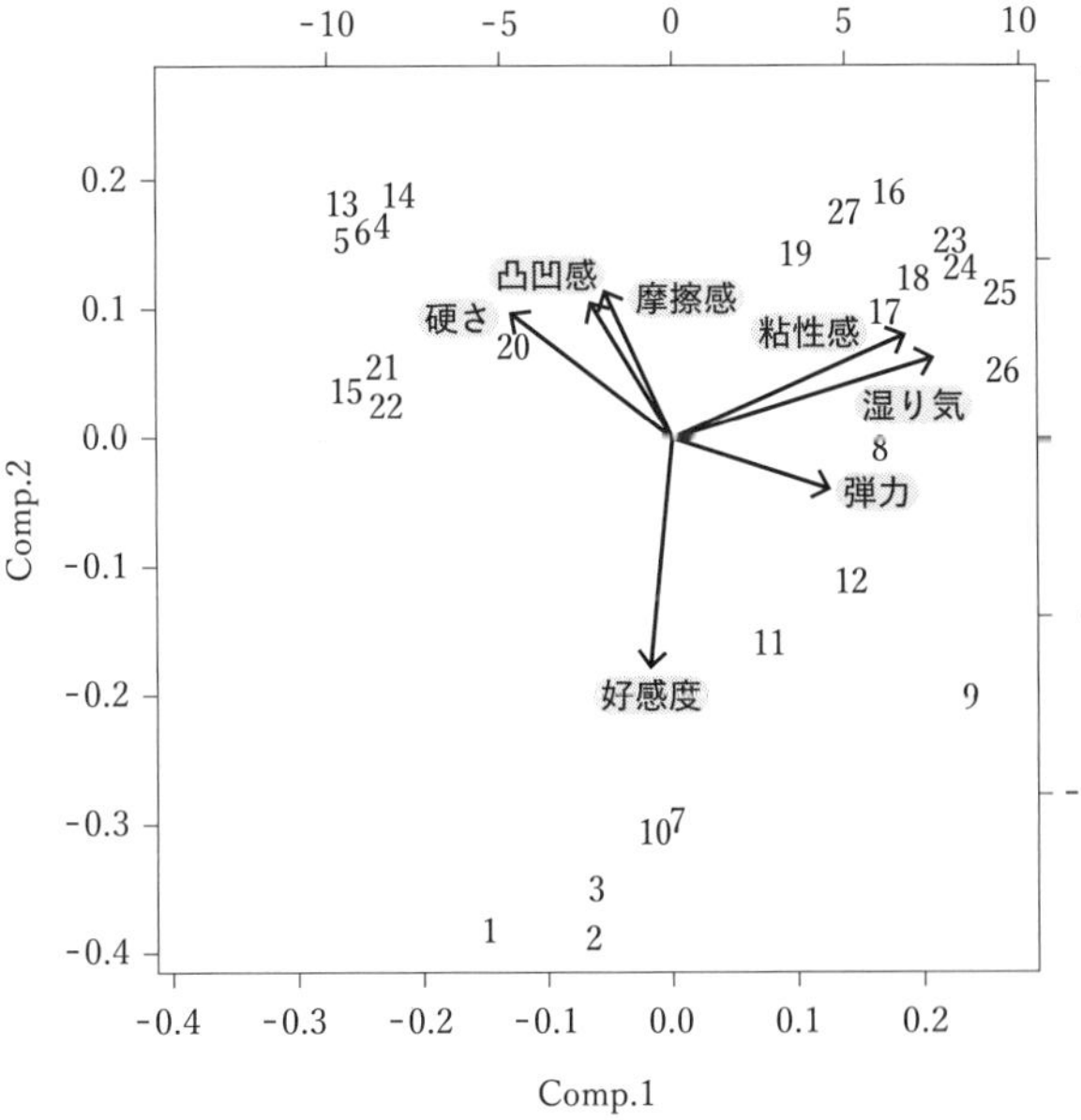

図５－１　日本語母語話者45人による触覚オノマトペの質感評価

　図を見るとわかるように、「好感度」は他の六つの評価軸と独立で、もっとも重みが大きい軸として現れた。つまり、好感度は、触覚を表現することばの意味を理解する上で、単に付加的な情報というよりは、意味にとって欠かせない情報であることがわかったのだ。

　カメラやセンサーを通じて測定される感覚情報を取得すれば、記号を身体に接地できるのだろうか？　感情を直接センサーで測定することは難しそうだが、人の感情を脳活動や心拍、発汗などの物理的な指標を用いて推測しようとする研究はさかんに行われている。人間がこれらのことばを聞いたときの脳活動の値、心拍、発汗情報を単語ごとに与えたら、ロボット（AI）は感情を経験することができ、ことばを身体に接地させることができるのか。

第6章でAIにおける記号接地問題を考えるが、今はとりあえず、ことばの意味、とくに一部のオノマトペの意味においては、感情価が非常に大きな比重を占めることを心にとどめておこう。

次は、身体につながっていることばはオノマトペだけなのか、一般語は身体につながっていないのか、という問題を考えることにしよう。

一般語と身体性

第2章では、日本語を母語とする成人が、オノマトペを言語音として処理すると同時に環境音としても処理していることを示した。さらに第4章では、言語の学習をまさに始めようとする年齢の赤ちゃんが、大人と同じようにオノマトペを脳の右半球で環境音として処理しているという研究結果を紹介した。そしてそこから、オノマトペは非言語と言語の音処理をつなぐことばだと考えられ、また一般語よりも強く身体につながっていることばであると結論づけた。

しかし、身体性を持つことば、ハルナッドの言うところの「最初に身体につながっている一群のことば」は、オノマトペだけなのだろうか？　一般語にはまったく身体とのつながりがないのだろうか？　本章冒頭の問いを展開していこう。

音と意味のつながり

「やわらかい」や「かたい」はオノマトペではない。しかし、第2章で見たように、「やわらかい」ということばの音、とくに最初のy、w、rは柔らかく聞こえる音であり、「かたい」のk、tは硬い印象を与える音である。同様に、「おおきい」は大きい印象を与える「お」を語頭に長母音として持っており、「ちいさい」は小さい印象を与える「い」が語頭に長母音として使われている。そのため、日本語をまったく知らない人にも、各形容詞ペアのどちらがどちらの意味を表すか、ある程度予想がつく。これは単なる偶然なのだろうか？

同じようなことを読者のみなさんにも体験してもらいたい。次のクイズは、多くの人に耳馴染みのない言語における対義的な形容詞に関するものである。何問正解できるか試してみてほしい。

①インドのテルグ語の「チャトラスラム caturasraṁ」と「グンドランガ gundraṅgā」、丸い

ことを表すのはどちらか？
②デンマーク語の「テット tæt」と「ラント langt」、近いことを表すのはどちらか？
③ベトナム語の「メム mềm」と「クン cứng」、柔らかいことを表すのはどちらか？
④スーダンのカッチャ語の「イティッリ itilli」と「アダグボ adagbo」、多いことを表すのはどちらか？
⑤エストニア語の「ワイクネ vaikne」と「ラルマカス lärmakas」、静かなことを表すのはどちらか？
⑥アマゾンのピダハン語の「ピッイ piʔi」と「チオイヒー tʃoihii」、短いことを表すのはどちらか？
⑦パプアニューギニアのグラス・コイアリ語における「ゴムゴ gomugo」と「イハ iha」、汚いことを表すのはどちらか？
⑧アメリカ北西部のネズパース語における「ヒテャーウィチ hɪcaaw̓ɪc」と「ウィッハウィッハ wɪʔxwɪʔx」、重いことを表すのはどちらか？
⑨アメリカ南東部のナチェズ語における「マヨクプ məjokup」と「ペラルネケン pelalneken」、明るいことを表すのはどちらか？
⑩オセアニア・ソロモン諸島のサヴォサヴォ語における「ボボラガ bọbọraɣa」と「セレ

sere、どちらが黒でどちらが白か？

正解は以下のとおりである。①「グンドランガ」が〈丸い〉、②「テット」が〈近い〉、③「メム」が〈柔らかい〉、④「アダグボ」が〈多い〉、⑤「ワイクネ」が〈静か〉、⑥「チオイヒー」が〈短い〉、⑦「ゴムゴ」が〈汚い〉、⑧「ウィッハウィッハ」が〈重い〉、⑨「ペラルネケン」が〈明るい〉、⑩「ボボラガ」が〈黒〉で「セレ」が〈白〉。多くの人が7割がたは正解したのではないだろうか。

隠れたオノマトペ

なぜ私たちは、一般語にも音と意味のつながりを感じるのだろうか？　実は、現在私たちがオノマトペと見なさない「普通のことば」（一般語）の中には、昔はオノマトペだったものが驚くほどたくさんある。

たとえば、「たたく」「ふく」「すう」という動詞。オノマトペの歴史研究の第一人者である山口仲美《やまぐちなかみ》によれば、これらの動詞はそれぞれ「タッタッ」「フー」「スー」という擬音語をもとに作られた語で、末尾の「く」は古語では動詞化するための接辞だった。同様に、なんと「はたらく」も「ハタハタ」というオノマトペを語源に持つとされる。

動物の名前にもオノマトペ由来のものがとても多い。「カラス」「鶯《うぐいす》」「ホトトギス」は鳴き声を写す擬音語「カラ」「ウグヒ」「ホトトギ」に鳥であることを示す接辞「ス」がついてできた名前だそうだ。「ヒヨコ」は「ヒヨヒヨ」に「コ」。「コ」はかわいいものにつける接辞である。

これらの事例は、私たちが一般語と思っていることばの多くが、もともとは対象の模倣であるオノマトペに由来する可能性を示唆する。そう考えれば、オノマトペではない、一般語にも音と意味のつながりを感じることが多々あることが納得できる。しかし、オノマトペを効果音のように、間投詞的に使うのではなく、モノの名前や動詞として使うために、接辞をつけたり活用させたりして、一般語の形にしていく。すると、オノマトペが持つ「音で意味を模倣している」という感覚が薄らいでいくのだ。

オノマトペと日本語の方言

第2章で述べたように、オノマトペは世界共通とは限らない。むしろ言語固有、あるいは地域固有（つまり方言的）なものが多い。そのため、非母語話者はもとより、同じ言語の話者でも当該の方言を話さない話者にはオノマトペの意味がわからないこともよくある。オノマトペのように対象を模したことばでさえ、方言が異なると何を対象にしているのかがわからない。この現象はどうして起こるのか？　この問題は、言語の多様性がなぜ、どのように生まれるかを考える上でヒントになりそうだ。

「チャコ」「タコ」「グルー」。これらは日本語の方言における、ある動物の名前である。いずれも方言のオノマトペをもとにしている。その動物が何か、わかるだろうか？

答えはネコである。「チャコ」は東北地方の方言で、ネコを呼び寄せるときの舌打ち音、つまり口の中で舌を動かしながら空気を吸い込む音に由来するそうだ。それに「かわいいもの」を表す接尾辞「コ」をつけて「チャコ」。山形側では「チャコ」、宮城側では音が変化して「タコ」なのだそうだ。

鹿児島県喜界島《きかいじま》の方言ではネコのことを「グルー」と言う。ネコの喉を鳴らす音から「グルグル」というオノマトペが生じたそうだ。この「グルグル」からネコを呼び寄せるときに使う呼び寄せ語「グルグル、グルグル」が生じ、さらに、「グルグル」の重複部分を取り末尾を長音に変化させて、ネコを表す名詞として使うようになったそうである。

そもそも共通語の「ネコ」という名詞にも、昔は鳴き声を「ネーネー」と写し、それに「コ」という接辞がついたのが由来という説がある。現代では、ネコの鳴き声を「ニャン」などと写し、幼児語ではネコを「ニャンコ」とも言う。つまり、ネコを象徴し、模倣するのに、鳴き声が使われている。しかし、ネコを模すときに使うのは、甘えるときに発するかわいい鳴き声とは限らないのである。鳴き声のほかにも、「グルグル」という喉の音だったり、ネコを呼ぶときに人が立てる音だったり、ネコを指すオノマトペのもととなるものは複数ありえるのだ。そこに、方言や言語によるオノマトペの違いが生まれるのである。

なぜ言語・地域固有性があるのか

そもそもオノマトペは対象を写し取っているはずなのに、なぜ言語の間でこんなに多様になってしまうのだろうか。その答えは第1章で述べた、オノマトペは絵や絵文字とどう違うかという話と関係している。絵や絵文字は、比較的容易に対象の物事全体を描くことができる。非常口のアイコンのように、デフォルメされていても全体の特徴を捉えていれば、対象が何かは誰にでもわかる。

しかし、言語の音（声）は、物事の全体像を真似ることが難しい。目立つ特徴をすくいとって模倣するのだが、物事の特徴は複数ある場合が多いので、どの特徴をすくいとるかは各言語に選択が委ねられる。たとえば、動物を表すときには鳴き声の模倣が選ばれる場合が多いが、先ほどのネコの例のように、鳴き声のほかに、喉を鳴らす音だったり、ネコを呼ぶときの人の舌打ち音が使われる場合もある。これにより、「写し取り方」に多様性が生まれる。

これは手話でも同じで、ネコを表すのに、アメリカ手話では片手の人差し指と親指で髭を一本つまむ仕草をするのに対して、イギリス手話では両手の五本指で髭をなぞり、日本手話ではネコが顔を洗うように片手のこぶしを頰に当てる。それぞれ、ネコの目立った特徴を写し取っているものの、何をどのように写すかは言語によって異なり、多様なのだ。

さらに、オノマトペは環境の音をそのまま模倣するのではなく、当該言語の音韻体系の制約を強く受けている。ニワトリの鳴き声は日本語では「コケコッコー」だが、英語では日本語が通常用いない「ドゥ」という音を使って「コッカドゥードルドゥー cock-a-doodle-doo」と写すし、中国語では「グーグーグー gūgūgū」、タミル語では「コッカラコココ kokkara-ko-ko」と聞く。そこでさらに言語による多様性が生まれる。

ただ、オノマトペの音と意味のつながりは、母語話者でなければまったく感じられないかというとそういうわけでもない。オノマトペを一つ言われて、何を指しているかと問われると正解するのは難しいかもしれない。しかし、大股でゆっくり進む動作と足を小股で細かく動かしながら進む動作を見せ、どちらが「ノシノシ」でどちらが「チョコチョコ」かを尋ねる実験のように、対立する概念に対して二つのオノマトペを提示し、どちらのオノマトペがどちらに対応するか尋ねると、その言語を知らない人でも偶然より高い確率で当てることができる。

多くのオノマトペのアイコン性は、特定の言語コミュニティの中で対象の持つ複数の特徴の中から選ばれ、見出されたものである。だからその言語コミュニティの話者は、そのオノマトペに対して強いアイコン性を感じる。しかしコミュニティの外の人間には、それほどのアイコン性は感じられない。多くの場合、まったく感じないわけではなく、いくつかの候補の中からの選択なら、ランダムよりは高い確率で正答できる。つまり、母語の外のオノマトペには、概してうっすらした音と意味のつながりなら感じることができる。オノマトペでその程度なので、オノマトペでない一般語に感じる音象徴はもっと弱い。

なぜオノマトペから離れたのか

日常のコミュニケーションでオノマトペがなくてはならない日本語でさえ、語彙全体で考えれば、オノマトペの割合は大きくない。『日本国語大辞典』の収録語が方言や古めのものも含めて50万語で、最大のオノマトペ辞典である小野正弘編『日本語オノマトペ辞典』は方言や昔のオノマトペまで入れて4500語、単純計算するとオノマトペは語彙全体の1%程度である。世界でも、オノマトペが一般語（非オノマトペ）よりも多いという言語は聞いたことがない。反対に、体系化されたオノマトペ語彙を持たない言語は世界にたくさん存在する。英語はそのよい例である。この事実は私たちに次の問題を投げかける。言語はなぜオノマトペから離れなければならなかったのだろうか？

この問題に対する答えを探るために、語彙を発達させていく上で言語はどういう選択をし、どのような過程をたどっていくのかを考えてみよう。

ニカラグア手話――アナログからデジタルへの進化

言語習得と言語進化の研究分野で非常に注目されている研究として、中米のニカラグアにおける手話の研究がある。もともとニカラグアには日本手話やアメリカ手話のような、その国で汎用的に使われる手話がなかった。ろうの子どもをきちんと教育するシステムもなく、耳が聴こえない子どもたちはほとんど学校に行かず、家庭内で家族と「ホームサイン」でコミュニケーションを取るという状況に置かれていた。ホームサインとは、コミュニケーションのために家族内で（おもにろうの子どもが自発的に）作り出したサインであり、家族内でしか通用しない。

しかし、１９７０年代からろうの子どもたちに学校教育ができる環境づくりが始められ、80年代には国の特別支援教育センターが開設された。耳が聞こえない子どもたちが、学校に集められ、学校で学習するようになったとき、互いにコミュニケーションを取るために自然発生的に「学校手話」が生まれた。学校には毎年新しい子どもたちが入ってくる。最初に自分たちのコミュニケーションのための手話を作り出した子どもたちは新しく入ってきた子どもたちにその手話を使って語りかけ、手話人口はどんどん増えていった。現在は「ニカラグア手話」として、国際的に公式の「手話言語」に認定されている。

ニカラグア手話の進化の過程は、言語進化を考える材料としてとても貴重である。言語がどのように始まったのかは、原始人類の頭部や顎、喉などの骨の形態など、非常に間接的なデータからの推測でしかわからない。言語は文字ができるずっと前に始まったはずで、当然ながら、何万年前、何千年前にどのようにコミュニティの中で言語が発生し、成長・進化していったのかを私たちに伝えてくれる記録はない。しかしニカラグア手話の場合には、同時代にリアルタイムで言語が発生し進化している。私たちはその過程を目の当たりにできるのである。

ニカラグア手話の始まりから数世代の変化（進化）を一言でいえば、「アナログからデジタル」への変化であると研究当事者たちは述べている。第一世代は動作をアナログ的に表現していた。たとえば、誰かが〈ボールを投げた〉ことを表現する状況を考えてみよう。投げるという動作は、さまざまな投げ方で行うことができる。人がモノをポンと軽く投げる動作と、プロの野球選手が上手《うわて》から全力で速球を投げる動作では、ずいぶん実際のビジュアルイメージが違う。今ここで目にしている動作をそのまま真似るのはジェスチャーである。単語で表すということは、今ここで見ている動作にとらわれず、時空を超えて普遍的に、ある一定の動作として指示するということなのだ。数世代を経ることで、手話はジェスチャーの特徴である直接的なアイコン性、時空間上のアナログ的な連続性から離れてデジタル性を深め、普遍的な「言語」に成長していくのである。（ちなみにこれは第3章で考察した言語の大原則のうち、「超越性」「経済性」「離散性」に関わる。）

事象を要素に分割して結合する

もう一つニカラグア手話の世代間の変化で興味深いことは、塊から要素への分割、そして分割によってできた要素同士の再結合である。たとえばボールが坂を転がり落ちるシーンの表現について考えよう。そう、今「転がり落ちる」と書いた。この表現は〈転がる〉と〈落ちる〉という二つの意味要素の組み合わせからできている。

実際のシーンを心の中で再構成してみよう。〈転がる〉のと〈落ちる〉のは同時に起こっていて、時間に沿って系列的に起こったわけではない。このシーンをニカラグア手話第一世代の話者たちはどのように表しただろうか。図5-2のように、「転がりながら坂を落ちている」様子をそのまま写し取って表現した。つまり、転がる様子と移動の方向性（落ちる）を同時に手で表した。それが第二世代以降になると、転がる動作と下方向への移動を分けて直列的に表現するようになったのである。

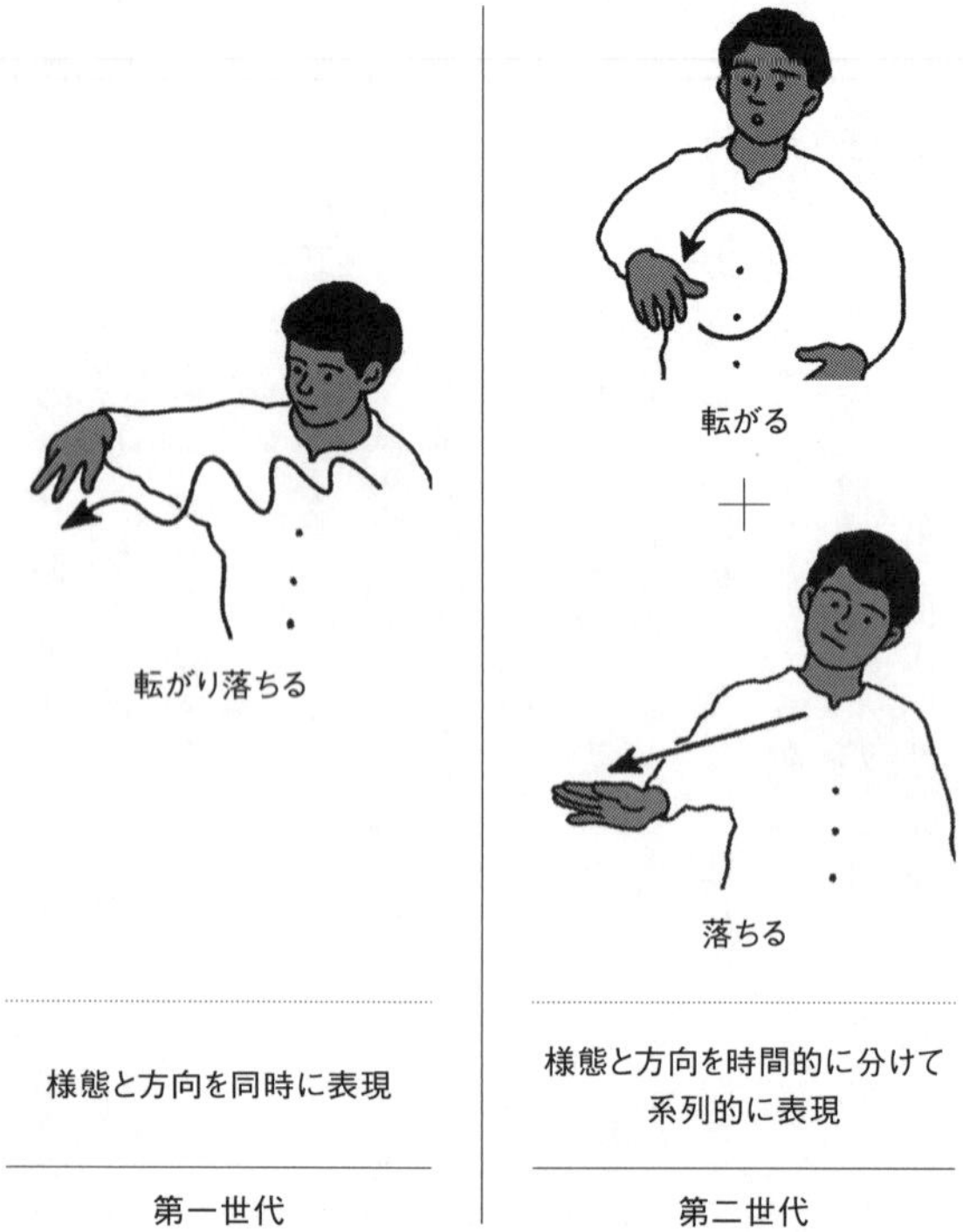

図５－２　ニカラグア手話　第一世代から第二世代へ

第二世代の手話話者たちは何をしたのか。実際に観察した事象をより小さな意味単位に分け、それを組み合わせることをしたのである。仮に対象をそのまま写し取るとしたら、〈転がり落ちる〉と表現するときには「ネケ」、〈滑り落ちる〉と言いたいときには「ルチ」というように、共通の要素を持たない、まったく別の単語を用意しなければならない。〈大きいリンゴ〉と〈小さいリンゴ〉を区別して言いたいときにも、それぞれ「チモ」「ヘク」のように無関係な単語を用いなければならない。〈一番大きいリンゴ〉〈二番目に大きいリンゴ〉〈一番小さいリンゴ〉にもそれぞれ別々の単語（手の動き）を用意しなければならない。それは無限にたくさんの単語を必要とすることになるし、学習者にとってそれをすべて覚える必要が生じ、まったくの悪夢となる。

表現したい事象を分割可能な最小の概念に分割し、それを組み合わせることで、効率的に（人間の認知処理能力の限界の中で扱える範囲で）表現したいことを何でも表現できるようになる。反面、実際の事象を要素に分割して系列的に提示することは、それだけ実際の事象のありようから離れるということでもある。

一般語で「投げる」や「転がり落ちる」と発話したり文字表記したりする場合、目の前で観察している投げる動作と語音、あるいは文字に直接的なつながりはほとんど感じられない。それに比べたら、手話は手などの動きからそれを指示する動きが想像できるという点でアイコン的である。それでも、まさにこの「経済性」「離散性」において、手話の単語は動作をそのまま真似るジェスチャーとはっきりと異なるのだ。

デジタル化するオノマトペの音象徴

先ほど手話の進化の過程で述べたように、言語は進化の過程でアナログな表現からデジタルな記号的表現にシフトしていく。第3章では、オノマトペの離散性（デジタル性）について考察し、語形や音など複数のレベルでデジタルな特徴があると述べた。おもしろいことに、オノマトペに使われる子音・母音の音象徴には、アナログからデジタルへのシフトが垣間見られる。

日本語のオノマトペは語根の長さで二種類に分けられる。「バ」から派生した「バンバン」「バッ」「バーン」のような一拍語根型と、「バタ」から派生した「バタバタ」「バタッ」「バタン」「バッタリ」のような二拍語根型がある。実は、一拍語根型はアナログ的な特徴が二拍語根型より強い。言ってみればアナログからデジタルへのシフトが、一拍語根型から二拍語根型への発展の中で見られるのだ。

一拍語根型の「バン」と二拍語根型の「バタン」を比べてみよう。大きな音を写すのに使えるという点は一致している。どちらのオノマトペのアイコン性が高いだろうか？　答えは

「バン」である。「バン」や「バタン」が写す衝撃音はいずれも一つの音である。「バン ban」はそれをそのまま一音節で写し取っている（音符で表すと「♩」）。一方、「バタン ba.tan」は二音節から構成されている（音符で表すと「♪♩」）。「バ」がある音を指し、「タン」が別の音を指すというわけではない。つまり、「バタン」は音を写し取る以上のことをしている。

「バン」は銃声、ドアを閉めた音、車がどこかにぶつかった音など、強い衝撃一般にかなり広く使える。一方、「バタン」は基本的に、おおよそ平面的な物体（本、立て札、ドア、人）が倒れるか閉まる場合にしか使うことができない。さらに、「バタン」と同様に二拍目の子音としてtを持つオノマトペは、「ドタッ」「ゴトッ」「ポトポト」「ゴツン」のようにしばしば打撃・接触を表す。要するに、「バタン」のtは、単に衝撃音の一部を真似ているのではなく、その音が（爆発などではなく）打撃・接触により生じたものだという意味情報をコード化していることになる。純粋に衝撃音を言語音で真似る「バン」と比べると、「バタン」は「t＝打撃・接触」というデジタル的で体系的な音象徴を用いていると言える。

意味の派生によってアイコン性を失う

言語を要素に分割し、結合して新しいことばを生成していく過程は、いわば人間の分析能力が作り出すものである。このような分析的思考への志向性がオノマトペのアナログ性を薄め、デジタル化された抽象的な意味に変化させていくことを前項で述べた。意味の抽象化はアイコン性を薄める。しかし、オノマトペがアイコン性を薄める要因はこれだけではない。アイコン性を薄める方向に働くもう一つの要因は、多義性である。人間は隠喩（メタファー）や換喩（メトニミー）によって意味を派生させようとする。

大多数のことばは多義である。第3章では、これをことばの経済性の観点から説明した。表現したいすべての概念の区別を別の単語を立てて区別しようとすると膨大な語彙が必要になる。だから一つの単語に異なる意味を担わせる、いわば「単語の使いまわし」を行う。

しかし、ことばが多義になる原因はほかにもある。想像によって意味を派生させようとする志向性である。この志向性によって、ヒトは、決まりきった使い方にとどまっていられず、つねに隠喩・換喩によって意味を発展させ、新しい意味を創り出そうとする。

意味の派生によって、オノマトペのもとの意味がわからないほどになってしまう場合もある。最近の例で言えば「ぱおん」。このオノマトペが新しい意味で使われている。「ぱおん」というのは、もともとはゾウの鳴き声の擬音語である。それが換喩によって、ゾウそのものを指すこともある。イヌのことを「ワンワン」と言うのと同じで、幼児語でよく使われる。

しかし最近では「ぱおん」は非常に大きい失意や悲しみ、場合によっては喜びのことを言うらしい。「ぱおん」は「ぴえん」という新しく作られたオノマトペとの対比で、新しい意味を得たのだという。ゾウの鳴き声や換喩としてゾウそのものを指す「ぱおん」に慣れ親しんでいる世代には、なんとも違和感があり、アイコン性も感じにくい。

「ぴえん」は「2020年上半期インスタ流行語大賞」の流行語部門1位となったオノマトペで、かわいらしく泣くさまを表すそうだ。「ぴえん」が流行すると、さらなる気持ちの昂《たかぶ》りを表現するため、対比的に「ぱおん」が用いられるようになった。たとえば、「コロナの影響でダンスのコンテストが中止になった。ぴえんこえてぱおん」(『実用日本語表現辞典』)のように使われる。ここで「ぱおん」とは、そのような声を出して泣きたくなるほど悲しいという意味であり、実際には声を出していなくてもよい。泣き声を写すことによって、その原因である強い感情を表す換喩である。

この表現は、もともと存在していた「ぱおん」というオノマトペに、ゾウの大きいイメージ、さらにその鳴き声が大きいというイメージをかぶせて作られたのだろう。人を動物に見立てるのは、「一匹狼」や「巣立ち」のような表現にも見られる非常に一般的な隠喩である。また、音象徴的には、「ピエ pie」が「パオ pao」になるわけなので、第2章で見た「あ」は大きく、「い」は小さい」というパターンに見事に合致している。

脳の情報処理と言語

ここまで、オノマトペが進化の過程で、人間の持つ分析的に思考する志向性と、想像と遊び心によって概念を拡張しようとする志向性によって、アナログ的な世界の写し取りからデジタルな記号に進化していくのではないかと述べてきた。そして、オノマトペはアナログ的なアイコン性を保ちながらも生産性をあわせもつ、素晴らしいことばだということも述べてきた。では、なぜ語彙のほとんどのことばがオノマトペではないのだろうか？　すべてのことばがオノマトペではいけないのだろうか？　今度はこの疑問について考えてみよう。

まずすべてのことばがオノマトペだったら、情報処理は楽なのかという観点から考えてみる。言語の情報処理で大事なのは、今話したいことに関連することばがすぐに脳内でアクセスできることである。情報処理の容易さという観点から、ある語をスムーズに想起し、意味処理をするためには、意味が近いことば同士を混同せずに容易に区別できることが大事なポイントとなる。

音象徴の原則から言うと、似た意味のことばは音が似てしまう。そうした状況で、同じ概念分野に属することばの数が増えていき、意味的に近い単語同士が密集するとどういうことになるだろうか？　たとえば、水鳥の名前がみんなオノマトペだったらどうなるだろうか？　コガモ、カルガモ、マガモ、カイツブリ、オオバン、ハクチョウ、アジサシ、シラサギ、アオサギ、タンチョウヅル……これらの水鳥がみなオノマトペ由来で、似たような音（たぶん「ガーガー」とか「クワックワッ」「グワッグワッ」に類似した音）の名前を持っていたらどうだろう、と想像してみてほしい。

ことばを使うとき、脳は、ピンポイントで想起したい単語を一つだけ想起するわけではない。同じ概念領域に所属する似た単語や似た音を持つことばが一斉に活性化され、活性化された単語たちの間で競争が起こり、生き残ったことばが最終的に意識に上って「想起」される。想起する候補を無意識の情報処理の過程で選択しているとき、似た意味で似た音を持つライバルの単語が多数あったら、情報処理の負荷は非常に重くなってしまう。想起にかかるスピードが遅くなるだけでなく、言い間違い、聞き間違いも多く起こるようになる。単語に音とつながりが感じられるというのはいいことばかりではない。音と意味のつながりがないほうが、情報処理に有利なこともあるのだ。

子どもの言語習得の状況に置き換えてみよう。ことばの学習が始まったばかりの語彙量が少ないときは、アイコン性が高いオノマトペが学習を促進する。しかし語彙量が増えてくると、アイコン性が高いことばばかりでは、かえって学習効率は阻害される。つまりオノマトペは万能ではないのだ。

言語が進化していくと、それぞれの概念をより精密に分類したり区別しようとする力が働く。そうすると語彙が増加する。これはとくに名詞概念において顕著になる。新しいモノが発見されたり作られたりすると、どんどん名詞は増えていくわけだ。しかし、概念分野の中の密度が高くなり、似た意味の単語がたくさんできると、それらの単語の音が似ていては、情報処理の負荷が高くなり、単語の検索や想起がしにくくなるので、単語の意味と音の間は恣意的なほうがかえって都合がよくなる。

つまり、語彙の密度が高くなると意味と音の関係に恣意性が増すというパターンが生まれるのは、必然的な流れなのである。言語の進化の過程と、現代の子どもたちの言語習得の両方において、このパターンが見られることは、言語の性質を考察する上で非常に重要である。

オノマトペが苦手な概念

別のアングルから、なぜ言語はオノマトペばかりではないかということを考えよう。そのアングルとは、オノマトペが苦手な（つまりオノマトペを作りにくい）概念の分野があるかという観点である。まず、日本語でオノマトペが豊富な概念分野と、オノマトペが思いつかない概念分野を考えてみてほしい。

筆者（秋田）が世界の言語のオノマトペを見渡して、どの概念分野にオノマトペが多いかを調査したところ、図5－3のように、オノマトペが出現しやすい順に四つの階層ができる

高

レベル4：論理的関係

レベル3：身体感覚、感情、味、匂い、色

レベル2：動き、形、手触り

レベル1：声、音

低

図5－3　**オノマトペの意味階層**

ことがわかった。数字が低いほど基本的、つまりオノマトペにしやすい分野である。

レベル1は、声や音である。声がもっとも模写しやすいのは音声で、これは当然のことだ。音のオノマトペは、英語のようにオノマトペ語彙が体系化されていない言語にも存在する。

レベル2は、動き・形・模様や手触り（触覚）である。これも日本語話者の直感に合う。動作を表現するオノマトペは枚挙にいとまがない。「どんどん」「ずんずん」「ずかずか」「のしのし」「のろのろ」「のそのそ」「そろ（り）そろ（り）」「ちょこちょこ」「トコトコ」。触覚に関係するオノマトペは「ツルツル」「サラサラ」「ザラザラ」「ベタベタ」「ヌルヌル」「フカフカ」「ブヨブヨ」など。これもたくさん思いつく。

レベル3は、身体感覚・感情・味・匂い・色などが含まれる知覚・概念領域である。このレベルになるとかなりオノマトペにしにくくなり、オノマトペが豊富な言語の中でもばらつきが出てくる。なお日本語には、痛みや痒みなどの身体感覚と感情を表すオノマトペ（擬情語）はかなり豊富にある。身体感覚は「ヒリヒリ」「キリキリ」「シクシク」「ムズム

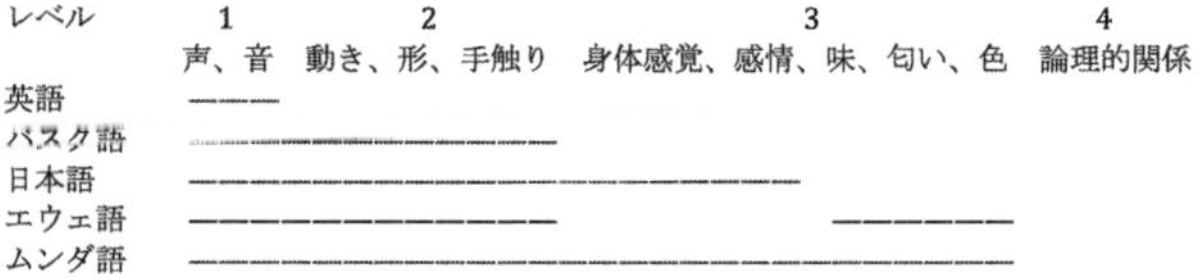

図5－4　各言語におけるオノマトペの守備範囲

ズ」「ズキズキ」、感情は「ワクワク」「ウキウキ」「クヨクヨ」「ルンルン」「ウジウジ」など。一方、日本語には純粋な味、匂い、色のオノマトペはない。「こってり」や「つーん」は触覚的であり、「プーン」は漂う様子（動き）を表す。また、「赤々」や「青々」は重複形がオノマトペ的であるものの、名詞「赤」「青」に由来する。

他の言語では、身体感覚や感情のオノマトペは持たないが、色や匂い、味のオノマトペを持つケースも見られる。たとえば、「タラルタラル taral-taral」はインドのムンダ語で〈真っ白〉を、「ヴィヴィ vivi」はガーナ・トーゴのエウェ語で〈甘い〉を表す。

図5－4は、五つの言語におけるオノマトペの守備範囲を示している。興味深いことに、レベル4の論理的関係のオノマトペを持つ言語はこれまでまったく見つかっていない。論理的関係の例としては、否定や分配法則、抽象概念などが挙げられる。「てにをは」や助動詞などの機能語が表す文法的概念などもその例である。抽象概念の例としては〈友情〉〈正義〉などが含まれる。オノマトペで表現できるのは、具体的に知覚できるものなのだろう。感情は目には見えないが、脈や心拍など直

接経験できる身体の反応があれば、「ドキドキ」のように音でそれを模写し換喩的に感情を表すことができる。しかし論理的関係のように感覚経験を伴わない概念領域では意味と音の間の「似た」感覚を作りようがないので、オノマトペも生まれないのだろう。

言語の進化は概念の進化、さらには文明の発展と呼応している。当初は自分が直接観察できる感覚・知覚の模倣から始まった言語も、進化に伴って、しかも非常に早いうちに直接観察できない抽象的な概念を作り出し、名づけがなされる。抽象概念は音による感覚の模倣ができないので、必然的に概念とは直接関係を持たない恣意的な音が当てられることが多い。抽象概念が語彙に占める割合が高くなると、やはり語彙のアイコン性は薄まる方向に進んでいくのである。

言語の体系性

本書ではこれまで「体系」あるいは「システム」ということばを何度となく使ってきた。とくに第4章では、オノマトペの語根に接辞を結合させることで、どんどん新しいオノマトペを生成できると述べた。進化するにつれシステム化（体系化）が進むのは、言語に普遍的な特徴と言えよう。

ここで興味深い実験を紹介しよう。この実験では、状況的に関連する概念群（例：シェフとレストラン〔ともにレストラン関係〕）と、種類が同じ概念群（例：シェフと写真家〔ともに人〕）が用意された。それぞれの参加者はこれらの概念の一つだけを割り当てられ、担当の概念を黙ってジェスチャーのみで表現するように求められた。実験参加者たちが創作したジェスチャーは「種《たね》ジェスチャー」として収集され、別の参加者たちのグループに提示された。この手順を繰り返し、「種ジェスチャー」が「世代」を経るごとにどのように変化するかを観察した。つまりこの実験は、先ほど紹介したニカラグア手話のミニチュア実験版だ。

実験は三つに分けられ、①ジェスチャーを一人で次世代に伝承する条件、②同世代でジェスチャーによるやりとりをするのみで、次世代への伝承はしない条件、③同世代でジェスチャーによるやりとりをしつつ、次世代にジェスチャーを伝承する条件が設定された。

ニカラグア手話の進化過程をなぞるように、参加者たちの種ジェスチャーは世代を経るごとに変わっていった。よりシステマティックに、そしてデジタル的になっていったのである。最初の世代が創った種ジェスチャーはアイコン性が高く、パントマイムに近いジェスチャーだった。もともと別の人が創ったために同じ概念群に属する概念の間でバラバラだったジェスチャーが、あとの世代になると、グループの中で一貫したものになっていき、集団のメンバーが同じジェスチャーを使うようになっていった。

同時に「線形連結的」にもなっていった。「線形連結的」というのは、たとえば、〈写真家〉〈料理人〉〈音楽家〉のような職業の概念を表すのに、〈人〉を表す一貫したジェスチャーを編み出し、それに〈写真〉〈料理〉〈音楽〉を表現するジェスチャーを上乗せするようになったのである。

この結果がもっとも強く見られたのは、③の同世代でやりとりをし、かつ次世代へとジェスチャーを伝承した場合であった。これは言語使用においてもっとも自然な形である（第3章の「コミュニケーション機能」と「継承性」に当たる）。観察した出来事や対象をそのまま写し取ったような表現（種ジェスチャー）から始まったものが、集団の中でのコミュニケーションを経由し、次世代に伝承されていくと、デジタル化され、体系化されていく。それが人間の言語の特徴と言えるだろう。

副詞＞スル動詞＞一般動詞

観察している出来事の全体を要素に分割せずにパントマイムのように模写するアナログ表現から、要素に分割して直線的に結合した記号的デジタル表現に移行すると、アイコン性は薄まると述べてきた。しかし、日本語のオノマトペは非常に体系化されており、要素を結合し新たなオノマトペを作り出す生産性を持つにもかかわらず、かなりのアイコン性が保たれている。これをどう考えたらよいのだろうか？

日本語のオノマトペが体系的であるのに高いアイコン性を持つと感じられるのは、日本語では、オノマトペの多くが文の述部の中核に入り込まず、副詞として述部と切り離されていることと関係があるのかもしれない。

オノマトペが表しやすい概念の階層（図5－3）を紹介したが、オノマトペと親和性が高い品詞、低い品詞というのもある。オノマトペは、文の構造の中心から離れ、構造に組み込まれる度合いが低いほど、アイコン性が高くなる傾向にある。もっともアイコン性が高いのは、第4章でも触れた間投詞用法である。間投詞用法とは、「ドーン！」のようにオノマトペ単体での効果音的な使用や、「ニコニコッ、うれしいなぁ」のように、かなり口語的で、場合によってはふざけた感じのする「漫画的」な用法を指す。これらの用法は、アフリカのいくつかの言語などではごく自然に頻用される。

次にアイコン性が高いのは副詞である。副詞は動詞を修飾する役割を担い、それ自体は述語にならない。その分、文の中で自由に動ける。すでに述べたように、日本語のオノマトペのおもな活躍の場は副詞で、モノの感覚特徴や動きの様子を表す。副詞の役割をするオノマトペだと、オノマトペの語形を多彩にシステマティックに変化させることができ、生産的でありながらも、オノマトペのアイコン性を保つことができる。

それに対し、オノマトペが動詞の一部をなすと、文構造の中核となるため、オノマトペ独自の体系を作りにくく、むしろ当該言語の一般語彙の規則に従うようになる。オノマトペ独自の形ではなく一般語彙の単語のように見えると、（少なくとも母語話者には）見えやすかった音と意味のつながりが見えにくくなる。

この直感の傍証として、a、b、cを比べてみよう。オノマトペの語形が保たれて、a、bのようにオノマトペだと認識できれば、アイコン性を感じる。しかしオノマトペがcのように一般動詞の形になるとアイコン性をそれほど感じなくなる。

a　彼は酔っぱらってよろよろと歩いていた（副詞）
b　彼は酔っぱらってよろよろしていた（スル動詞）
c　彼は酔っぱらってよろけていた（一般動詞）

aとbにはさらに微妙な使用上の差が存在する。次の例を見てみよう。

a′　彼は酔っぱらってよーろよろよーろよろと歩いていた（副詞）
b′　彼は酔っぱらってよーろよろよーろよろしていた（スル動詞）

副詞の「よろよろと」については、a′のように語形の拡張によりアイコン性をさらに高めることが容易である。一方、動詞の「よろよろする」については、b′のような語形拡張が若干使いにくくなる。実際、言語のデータベース（コーパス）を見てみても、b′よりa′のような用例のほうが高頻度で得られる。つまり、オノマトペのアイコン性は、

副詞（よろよろと）＞スル動詞（よろよろする）＞一般動詞（よろける）

という関係になる。やはり、主たる用法が副詞であることが、日本語などのオノマトペがアイコン性と体系性を両立させる一因となっていることがうかがわれる。

同じような対立は、「うろうろと」「うろうろする」「うろつく」、「きらきらと」「きらきらする」「きらめく」、「ざわざわと」「ざわざわする」「ざわつく／さわぐ」、さらには「フーッと」「フーフーする」「吹く／膨らむ」のような例にも見られる。

「吹く」や「膨らむ」は「フー（ッ）」というオノマトペに由来すると言われている。実際「ふ」は息を吹き出して発する音である。しかし一般動詞の形で活用する「吹く」は、一般的にはオノマトペと見なされない。「風船をフーッと膨らませる」という表現でも、オノマトペの「フーッと」からは吹く動作をイメージするのに、「膨らませる」が持つ音象徴性に

は気づきにくい。このことからも、オノマトペは、オノマトペとすぐにわかる生産的な形態を保持しているか、一般語のような語形を持つかで、音と意味のつながりの感じ方が変化することがわかる。

英語にオノマトペの体系がない理由

オノマトペがアイコン性を弱め、体系性を獲得していく道筋。これは、なぜ英語のオノマトペが擬音語に限られ、システマティックな語彙を構築していないのかの説明になりうるかもしれない。

言語には大きく分けて、「動詞枠づけ言語 verb-framed language」と「衛星枠づけ言語 satellite-framed language」という二つのタイプがある。「動詞枠づけ言語」と「衛星枠づけ言語」の区別は、1990年代初頭にアメリカの言語学者レナード・タルミーによって提唱された。タルミーは、人やモノの移動をはじめとする複雑な事象に着目し、世界の言語がそれらを典型的にどのように表現するかを比較した。動詞枠づけ言語では、「ブラブラと公園を横切る」のように移動の方向をおもに述語動詞で表す。日本語のほかに、ロマンス諸語（フランス語、スペイン語、イタリア語、ポルトガル語など）、アルタイ諸語（トルコ語、モンゴル語など）などが該当する。一方、衛星枠づけ言語では、stroll across the park のように方向をおもに述語以外で表す。ゲルマン諸語（英語、ドイツ語、オランダ語、デンマーク語、スウェーデン語など）やスラブ諸語（ロシア語、チェコ語など）などが該当する。

日本語のような動詞枠づけ言語では、典型的には、述語となる動詞本体で動きの方向が表される（「降りる」「入る」「横切る」「越える」など）。そのため、どのように動くか（様態）の区別は、「トボトボと」「足早に」「片足を引きずりながら」というように述語以外で行うことが多い。これらの要素は、「老人が（トボトボと）道路を横切った」のように、文の成立に必須でないオプショナルな要素である。

一方、英語のような衛星枠づけ言語では、典型的に動きの方向性が**down, in, across, over**といった述語動詞以外の要素で表される。そのため、動詞本体には**plod**（トボトボと歩く）、**scurry**（大慌てで走る）、**limp**（片足を引きずって歩く）のように動きの様態情報が含まれる傾向にある。

英語には〈歩く〉や〈走る〉といった様態を細かく区別した動詞が１４０以上ある。これらを日本語に訳そうとすると、**amble**（のんびり歩く）、**tiptoe**（抜き足差し足でそろりそろりと歩く）、**sashay**（しゃなりしゃなり歩く）、**stroll**（ぶらぶら歩く）、**swagger**（ずんずん歩く）、**toddle**（よちよち歩く）のように、「オノマトペ＋歩く」などとなることが多い。日本語でも「よろよろ」が「よろける」「よろめく」のような一般動詞になると、アイコン性が薄れるように感じるが、英語はそれが様態動詞全般に及ぶわけだ。話し方も、日本語で「ぺちゃくちゃ話す」「ひそひそ話す」「ぶつぶつ言う」「キャーキャー言う」のように表現するところを、英語では chatter, whisper, mumble, scream のように一語で表現し、様態情報は動詞の意味に組み込まれている。

実は、動作の様態を表す英語の動詞と日本語のオノマトペの音には共通性があることが指摘されている。たとえば、回転を表す「コロコロ」と roll は、ともに（厳密には異なる音声ではあるが）「ロ」という音を含んでいる。「ぺちゃくちゃ」と chatter の「チャ」も同種の音である。また、英語の様態表現には、音と意味につながりがあると感じられるものがあるという実験報告もあり、動きはアイコン的に表現しやすいという一般傾向に一致する。しかし英語の場合、動作の様態が動詞の中に入ってしまっているので、そのアイコン性に気づきにくく、オノマトペとも捉えられないのだ。

さらに興味深いのは、音の表現である。以下の三つの文はどれも擬音語を含む。英語ではこれらをどのように表現するだろうか？

d　汽車が汽笛をピーッと鳴らしながら走り去った

e　ネコがシャーッと鳴いた

f　トラックがガラガラと私道に入っていった

d′　The train whistled away.

e′　The cat hissed.

f′　The truck rumbled into the driveway.

このように、もっともオノマトペになりやすい音の描写でさえ、英語だと一般動詞の形を取る。すると英語母語話者でも、音象徴はうっすらとは感じながらも、「オノマトペ」という特別なことばとは感じないのである。英語話者が明確にオノマトペと思うのは、間投詞として使われるBang!（ドアが閉まる音）、Bump!（勢いよくぶつかる音）、Swoooosh!（噴出音）など、漫画の効果音のようなものなのだという。

このような考察を踏まえると、英語は「オノマトペ語彙が貧弱」というより、もともとオノマトペだった表現が、動詞として文構造の中核に取り込まれ表現されるようになった結果、オノマトペ性を失い一般語化されてしまった、という仮説が真実味を帯びてくる。

恣意性からアイコン性への回帰

しわが多い顔のことを「しわしわの顔」という。「しわしわ」はオノマトペだろうか？オノマトペと考える人は多いかもしれない。多くのオノマトペは「さらさら」「どんどん」などと二拍を繰り返す形を取っているからだ。しかし、「しわ」はオノマトペではなく、音象徴性が明確でない一般語である。同様の例はいくらでも見つかる。

とげ＞トゲトゲ、しま＞しましま、刺《いら》＞いらいら、粉＞こなごな、薄い＞うすうす、湧く＞わくわく、浮く＞うきうき、生きる＞いきいき、盛る＞もりもり、揉む＞もみもみ、擦る＞すりすり、見る＞みるみる、ある＞ありあり、細い＞ほそぼそ、染みる＞しみじみ、混む＞ゴミゴミ、ラブ＞ラブラブ

また、「ばっさり」「ふんわり」「すんなり」などと同じ形を取ることでオノマトペのように感じられるようになった例もいくらか見られる。この語形においては、「ばさ」などの語根を分かつ形で二拍目に「っ」か「ん」が現れ、さらに四拍目に「り」が来る。

たまる＞たんまり、黙る＞だんまり、伸びる＞のんびり、染みる＞しんみり、細い＞ほっそり、焦《こ》がる＞こんがり

実は、オノマトペの持つアイコン性には、二つの種類がある。一つは、ことばを覚える前の赤ちゃんでも感じることのできる、脳が自然と感じる音と対象の間の類似性である。もう一つは、解釈によって生まれる類似性である。前者が「似ているから似ている」なら、後者は「似ていると思うから似ている」と言ってもよい。

「似ていると思ってしまう」原因は多数あるが、その中でも注目すべきは言語と文化の習慣で、とりわけ強力なのは、「同じことば」が適用されることである。ある言語で○と△が同じことば（単語）で表現される場合に、別の言語では異なることばで区別されることは頻繁にある。

たとえば、日本語では「水」と「湯」は別のことばで区別される。英語ではどちらもwaterである。逆に、英語ではwatchとclockは区別されるが、日本語ではどちらも「時計」である。このように、ほぼ同じ意味を持つが、日本語では別のことばで言い分け、英語では区別しない概念のペア、逆に英語では区別するが日本語では区別しない概念のペアをたくさん用意して、それぞれのペアの類似度を日本語話者、英語話者に評価してもらった研究がある。予想どおり、日本語話者も英語話者も、自分の言語で区別しないペアのほうを、区別するペアより類似性が高いと評価した。つまり、日本語話者なら〈腕時計〉－〈壁時計〉

のペアを、〈水〉－〈湯〉よりも「似ている」と判断したのである。

私たち人間は多様な基準で類似性を感じる。とくに二つのモノ（あるいはことば）が同じ概念領域に属していたり、あるシステムの中で同じ要素を持っていたり、接辞を共有していたりすると、それだけで「似ている」感覚は強くなることが実験的にも示されている。たとえば、〈イヌ〉と〈首輪〉、〈イヌ〉と〈犬小屋〉、〈懐中電灯〉と〈寝袋〉、はては〈サル〉と〈バナナ〉などは、非常に類似性が高いと評価される。

つまり人が感じる類似性は、見た目が似ている、内部構造や関係が似ているなどのいわゆる規範的な類似性だけではないのである。いつもいっしょに現れる（使われる）もの同士にも類似性を感じるし、同じ接辞がつく、同じ重複の形で現れるなど、同じ形の言語パターンを見つけると、それだけで類似性を感じる。このような文化や言語によって作られた「類似性」は、音と意味の間の類似性（アイコン性）の感じ方にも影響を与える。

「アイコン性の輪」仮説

類似性の感覚は、しっくり感も生む。実は、言語とは一般に、その形式と意味の結びつきに慣れ親しむことでしっくりくるようになる体系である。次に引用するのは、オノマトペと音象徴に関する有名な書籍、ヒントン他編 *Sound Symbolism* の序章からの一節（秋田訳）である。

子供はこれ〔=名前の「自然さ」〕をとくに強く感じる。〔編者〕の一人の継娘ステファニーが以前このことを例示してくれた。「英語だけが本物の言語だよね？」と彼女は言う。その意味を尋ねると、彼女はこう返す。「えっと、〔メキシコ人の友達〕ルーペイが「アーグヮ agua」って言ったら、「ウォーター water」って意味でしょ。でも、私が「ウォーター」って言ったら、「アーグヮ」って意味じゃなくて本当に「ウォーター」って意味だもん！」

ステファニーは、英語の「ウォーター」こそが水の本当の名前だと考えている。馴染みのないスペイン語の「アーグヮ」では、どこかしっくりこないのであろう。

多くの単語のアイコン性を、それぞれ十名ほどの母語話者に評定してもらった実験がある。それによると、日本語では和語が、英語ではゲルマン系の語が比較的高いアイコン性を感じさせるという。日本語では、「歩行」や「ウォーキング」よりも「歩く」のほうが、「時間」や「タイム」よりも「とき」のほうが、音選びがしっくりくるという感覚である。英語なら、ラテン系の「ラージ large」や「グランド grand」よりも、ゲルマン系の「ビッグ big」や

「グレイト great」のほうがしっくりくるという具合である。和語は日本語の、ゲルマン系の語は英語の中枢を担い、基本的な概念を多くカバーする。そのため、日常生活で使用することも多い。

母語のオノマトペに強く感じられるアイコン性は、母語に一般に見られるこの「しっくり感」の最たる例と考えられる。我々は母語に慣れ親しむことで、「この概念にはこのことば」という感覚を築き上げ、共有するのである。

本章前半では、世界を模倣して始まった言語が、語彙が成長するにしたがってアイコン性が薄まり、ことばの形式（音）と意味の関係が恣意的になっていく過程について述べた。しかし、単語の数が増えると、単語同士が関係づけられ、体系化されていく。体系化によって、語彙が整理され、同じ要素やパターンを持つ単語のクラスターができてくると、クラスターの成員の間で「似ている」感覚が生まれる。二次的なアイコン性が生まれるのである。結局言語は、図5-5のように「一次的アイコン性→恣意性→体系化→二次的アイコン性」と、アイコン性と恣意性の間の関係を変えていき、最終的には両者の間の絶妙なバランスができる。私たちはこれを「**アイコン性の輪**」**仮説**と呼ぶ。

アイコン性の輪を例でたどってみよう。いわゆる擬音語の中でも語音と意味の類似性が明らかな「フー」や「アハハ」は、一次的アイコン性の例と見ていいだろう。それに対し、

「フー」を語源に持つという「吹く」は、一般動詞の体系に組み込まれたためかなりアイコン性が薄まって恣意性の方向にシフトしている。おそらく擬音的基盤すらない「笑う」は、語音と意味の関係が高度に恣意的である。

今度は体系化が二次的アイコン性を生む例をあげてみよう。第2章で見たように、日本語はh、p、bを体系的に対立させる。この3音の対立は日本語独自の特徴である。たとえば助数詞「本」は、「二本 nihon」「一本 ippon」「三本 sanbon」と、前に来る音によってハ行、パ行、バ行を行き来する。「歯 ha」「出っ歯 deppa」「前歯 maeba」も同様の関係である。日本語のオノマトペは「ハラハラ」「パラパラ」「バラバラ」のように、この対立をアイコン性をつくるのに利用する。バ行よりパ行のほうが軽く、ハ行はさらに軽いものを表すという三つ巴の音象徴は、実は日本語独自の音韻体系から二次的に生じたものなのだ。

しかし、日本語母語話者は擬音語の「フー」のみにアイコン性を感じるわけではなく、「フー」(一次的アイコン性)も「ハラハラ」(二次的アイコン性)も同じようにアイコン性を感じる。これは、言語固有の音の体系が意味の対立にも拡張され、二次的なアイコン性を生み、母語話者がそれを一次的アイコン性と区別できないほど自然な音象徴と感じるよい例である。

先ほど述べたように、体系化されたオノマトペ語彙を持つか否かは言語によって異なるも

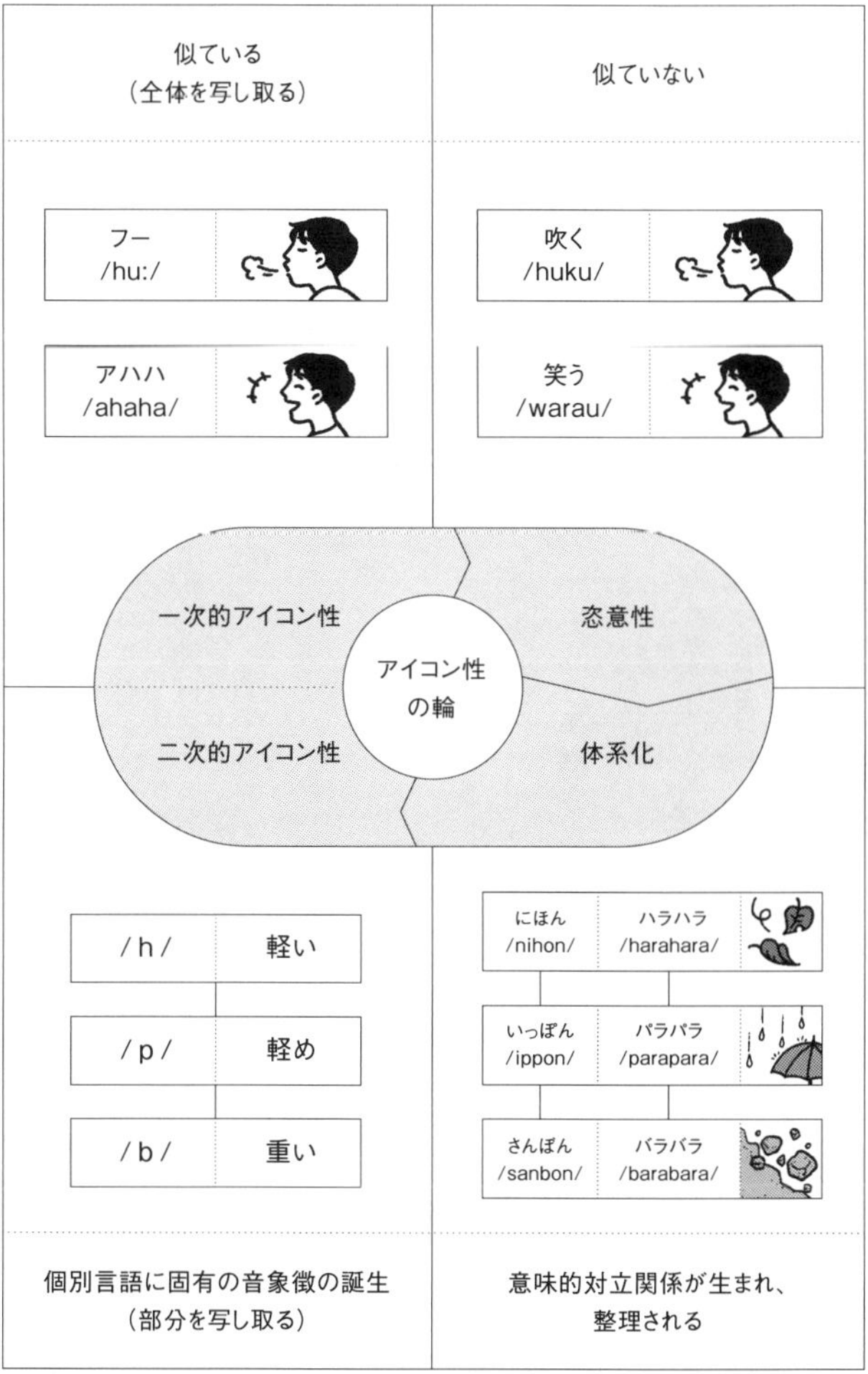
似ている
（全体を写し取る）
似ていない
フー
/hu:/
吹く
/huku/
アハハ
/ahaha/
笑う
/warau/
一次的アイコン性
恣意性
アイコン性
の輪
二次的アイコン性
体系化
/ h /
軽い
/ p /
軽め
/ b /
重い
にほん
/nihon/
ハラハラ
/harahara/
いっぽん
/ippon/
パラパラ
/parapara/
さんぼん
/sanbon/
バラバラ
/barabara/
個別言語に固有の音象徴の誕生
（部分を写し取る）
意味的対立関係が生まれ、
整理される

図５－５　アイコン性の輪

のの、単語の音と意味のつながりは（少なくとも母語話者には）明らかに感じられる。英語はオノマトペを生産的に創り出す体系性は持っていないが、それでも一般語の中に音と意味のつながりを持つ単語は多くあり、一定のアイコン性を持つ。身体につながったアイコン性は子どもの言語習得を助け、意味の解釈を助けることもあるが、アイコン性が強いことばの密度が高くなりすぎると混乱を引き起こし、言語処理の効率を損ねるという側面もある。

オノマトペの歴史

興味深いことに、英語の語彙について、アイコン性と恣意性が周期的に高くなったり低くなったりしているという研究報告がある。語彙におけるアイコン性と恣意性の間には「よいバランス」というものがあり、それを下回ればアイコン性のあることばが増え、上回れば恣意的なことばが増えるという現象が歴史的に観察されるというのだ。

たとえば、現代英語の laugh（笑う）は古英語では「フラッハン hlæhhan」という音形を持っていた。hlæhhan は擬音語とされ、たしかに笑い声に似ているように感じられるかもしれない。しかし、hlæhhan は時を経て laugh へと姿を変えアイコン性を失い、結果的に一般語と見分けがつかなくなった。その一方で、英語には、chuckle（クックッと笑う）や giggle（クスクス笑う）といった新たな笑い声のオノマトペが生じた。こうして、笑い声を表す英語の語彙は、全体として一定のアイコン性を保ったのだという。

関連する歴史的変化は日本語でも指摘できる。データは限られているものの、奈良時代の『万葉集』を見ると、オノマトペはしばしば「に」という助詞を伴って副詞として使われている。たとえば、次の長歌の一節では、「ゑらゑら」というオノマトペが「仕へ奉る」という述語を修飾し、人々がニコニコと笑いながら天皇にお仕えする様子を表しているという。

もののふの　八十伴《やそとも》の緒《を》の　島山に　赤《あか》る橘《たちばな》　うずに刺し
紐解《ひもと》き放《さ》けて　千年寿《ちとせほ》き　寿きとよもし　**ゑらゑらに**　仕へ奉《まつ》るを　見るが貴《たふと》さ
（万葉集、四二六六）

もろもろの官人たちが、庭の山に赤く色づいた橘を飾りに挿し、衣の紐を解きくつろいで、永久の長寿を祝い、寿《ことほ》ぎさざめき、にこにこ笑ってお仕えする様子を拝するめでたさよ
（現代語訳は山口仲美「奈良時代の擬音語・擬態語」）

一方、平安時代から鎌倉時代にかけては、オノマトペに「めく」という接尾辞がついて動詞となる例が多くなる。「ふためく」（バタバタする）、「がらめく」（ガラガラと鳴り響く）、

「そそめく」（ヒソヒソ話す）のような例である。「めく」形は今も東北方言などに多く残る。時を同じくして、「ゆらりと飛ぶ」のような「と」を伴った副詞用法も一般的となる。

その後、「めく」は次第に勢力を弱め、「うろつく」や「ふらつく」のような「つく」に置き換わっていく。また、江戸時代になると、「と」は次第に「よろよろ過ぎて」のように脱落することも多くなる。加えて、現代のように、「ぶらぶらする」や「まじまじとする」のような「する」を伴った動詞形が一般的となっていく。

このように、日本語オノマトペの歴史においては、複数の副詞形と動詞形が栄枯盛衰を繰り返してきた。副詞として生き生きとした描写力を持っていたオノマトペが、動詞となり一般語のように目立たなくなる。一方で新しいオノマトペ副詞が生まれてくる。そうした変化を繰り返し、語彙全体としてはアイコン性と恣意性の間の絶妙な均衡が保たれる。言語の進化はそれを繰り返す歴史と言えるだろう。

まとめ

結局言語はどんなに進化しても、人間が使い手である限りは、完全に「恣意的な記号の体系」にはならないだろう。全体から見るとごくわずかではあるが、一部のことばには身体感覚と直接つながるアイコン性が宿り、それがハルナッドの言うところの「記号接地をするための最初の一群のことば」となる。その集合にはそれほど多くのことばは必要ない。第4章で述べたように、「ことばとは世界のモノや事象を表すための名前である」「モノやコトには名前がある」という最初の洞察さえ得られればよい。

そこから言語の学び手（赤ちゃん）は、新しいことばを覚えるとともに母語の音やリズムの体系、音と意味の対応づけ、語彙の構造などを自分で発見しながら学んでいく。より正確には母語における音や概念の切り分け方を身につけ、それが自分にとってもっとも自然な切り分け方であるかのように、自分を母語の体系の中に溶け込ませていき、体系の中で、もともと文化や言語の文脈の外では感じなかった二次的なアイコン性の感覚を作り上げていく。

このように、「一次的アイコン性→恣意性→体系化→二次的アイコン性」というサイクルによって、当該言語の成人母語話者は、抽象的な記号であることばに対して、抽象性を感じず、空気や水のような自然なものとして、身体の一部であるような感覚を持つに至る。このような図式が記号接地問題に対する答えになるのではないかと著者たちは考えるのだ。

本章では言語が進化する上で、なぜオノマトペから離れなければならないのか、しかしオノマトペから離れながらも、なぜ抽象的な意味を持つ記号が言語の使い手の中で身体とつながっている感覚を残しているのか、ということを考察した。

第6章では、子どもの言語習得に戻り、子どもがどのような方法をもってオノマトペから離れ、恣意的で抽象的な記号の体系を学ぶのか、そしていかにして言語という、エベレストにも比せられるほどの高い山を登っていくのかという記号接地問題を、子どもが行う「推論」のメカニズムに焦点を当てて考えていきたい。

第6章　子どもの言語習得2——アブダクション推論篇

第5章では、進化の過程でなぜ言語はオノマトペから離れなければならなかったのか、どのように離れていったのかについて考察した。言語の進化における「オノマトペから離れる過程」は、今を生きる子どもたちの言語の習得過程にも見ることができる。これまで見てきたように、オノマトペはたしかに言語習得にとって重要な足場の役割を果たしている。しかし、ここまでの話は子どもの言語習得の最初の入り口にすぎない。ここから子どもは、大人の言語の高い壁をよじ登らなければならない。言語を習得するには、エベレストに登頂するくらいの行程がある。その道のりを進むには、子どもたちはオノマトペから離れなければならないのだ。

子どもたちはたくさんのことばを覚えていかなければならない。ほとんどのことばは、音と意味の間にすぐにわかるつながりはない。しかも、一つの単語が多くの意味を持つ。つまり多義にもなる。何より、一つひとつの単語が、子どもの環境で話される個別の言語に特有の語彙体系に組み込まれている。その意味で、基本的にすべてのことばは抽象的である。たとえば「整数」「分数」「有理数」のようなことばは極度に抽象的で、その意味（概念）は外界を見ただけで直感的にわかるものではない。「きのう」「あした」のような時間のことばも、それが指示する対象は目に見えるものではなく、子どもはこれらのことばの意味を理解するのに、本当に苦労する。

しかし、「はじめに」でも述べたように、「アカ」や「アルク」など普通のことばも十分抽象的である。それぞれの単語の意味は、それぞれの言語固有の体系の中で、どのような基準でどのくらい細かく分割するか、その単語を取り巻く他の単語群とどこで境界を引くかに依存するからである（次項で詳しく述べる）。

エベレスト登山にたとえるなら、オノマトペは装備を整え、特別な訓練をしていない一般観光客が行けるところくらいまで子どもを道案内する。しかし、その後の登頂までの行程は長く、険しい。大局的に見たとき、言語習得においてオノマトペは本当に役立つのだろうか？　本章ではちょっと視点を変えて、そもそも最初は自分で立つこともできなかった赤ちゃんが、どうしたら限られた時間の中で、大人に助けられながら山を登り始めることができ、その後独り立ちをして一気にエベレスト登攀《とうはん》に挑戦できるのか考えてみよう。何がそれを可能にするのだろうか？

　第5章では言語の進化という視点から、なぜオノマトペから離れなければならないのかということを考察したが、本章では人間という生物種に焦点を当てたときに、どのようにして人間はオノマトペから離れた抽象的な言語の体系を習得し、身体の一部にできるのか、という問いに対して「推論」という観点から考えていきたい。

ガヴァガーイ問題再び

　第4章では野原を駆けていくウサギを指して「ガヴァガーイ」と現地人が叫んだときに、「ガヴァガーイ」の意味を特定することは論理的に不可能であるという、「ガヴァガーイ問題」について述べた。仮に「ガヴァガーイ」が駆けていく動物、つまり私たちが「ウサギ」と呼ぶ生き物だとわかっても、実はガヴァガーイの本当の意味はまだわかったことにはならない。

　消防車の色が「アカ」で、バナナの色が「キイロ」と言える2、3歳児は多い。しかし、それでその子どもは「アカ」や「キイロ」の意味を知っていると言えるのだろうか？　実は、多くの2、3歳児はさまざまな色の積み木の中から「赤い（あるいは黄色の）積み木を取って」と指示されても、正しく赤や黄色の積み木を取ることができない。

「ことばの意味がわかる」ということは非常に豊かで複雑な知識を含む。これについては今井むつみ著『ことばの発達の謎を解く』や『英語独習法』で詳しく述べたのでここでは繰り返さないが、あることばが指す典型的な対象をいくつか知っているだけでは、そのことばの意味を本当に「知っている」ことにはならないことは、繰り返して指摘しておきたい。

私たちはことばを、単にことばの音（形式）と概念の対応関係として理解しているわけではない。近代言語学の父ソシュールを持ち出すまでもなく、それぞれのことばは一つの対象とのみ結びついているわけではなく、広がりがある。つまりことばの意味は点ではなく、面である。では面の範囲はどう決まるか。同じ概念領域に属する他の単語との関係性によって決まるのである。対象を「点」として知っていても、「面」の範囲がわからなければ、ことばを自由に使うことはできない。

色の名前を覚えるにもガヴァガーイ問題が立ちはだかる。たとえば、ある言語において子どもが消防車の色を「ルチ（日本語ではアカ）」だと知ったとしよう。しかし、ミカンの色が「ルチ」であるかないかはまだ子どもにはわからない。日本語ではミカンの色は「アカ」とは呼ばないので、日本語を話す大人は「ルチ」ではないと判断するだろう。だが、やがて子どもは消防車の色とミカンの色を同じ「ルチ」と呼ぶかもしれない。実際、赤色とオレンジ色を同じことばで表現する言語は、世界に多数存在する。

動詞の場合には曖昧性がさらに増す。そもそも動詞は、動作や行為を指示するが、子どもが観察するシーンは動作主体、動作の背景（場所）、動作の対象など、動作以外の複数の要素が入り込む。そのうちのどの要素が動詞の意味のコアなのかは、一回や二回その行為を見ながらその動詞を聞くだけでは、到底推測できない。第4章で述べたように、そもそも、3歳くらいの幼児は、動詞といっしょに観察した動作の主体が変わっただけで、まったく同じ動作にその動詞を一般化できないのである。

第4章では、オノマトペが動詞の学習を助けると述べ、それを示した実験を紹介した。動作主体が変わると動詞をもとの動作とまったく同じ動作に使えない3歳児が、動作に音が合う新奇なオノマトペ動詞を使うと、別の人（動作主体）が行う同じ動作にも動詞を適用できるようになる。オノマトペ動詞の音が、動作主体に向けられがちな注意を動作そのものに向けさせてくれるからだ。しかし、当該の動詞が適用できる範囲は、言語の語彙の体系に大きく依存する。

日本語には「持つ」という動詞がある。日本語では手でモノを保持する動作を広範囲に「持つ」と言うが、肩、背中、腹、頭など、手以外の体の部位でモノを保持する場合には、「担ぐ」「背負う」「抱える」「載せる」など、別の動詞を用いる。韓国語はこの概念の体系が日本語とずいぶん似ているが、それぞれの動詞の範囲は微妙に異なる。中国語はイラストの

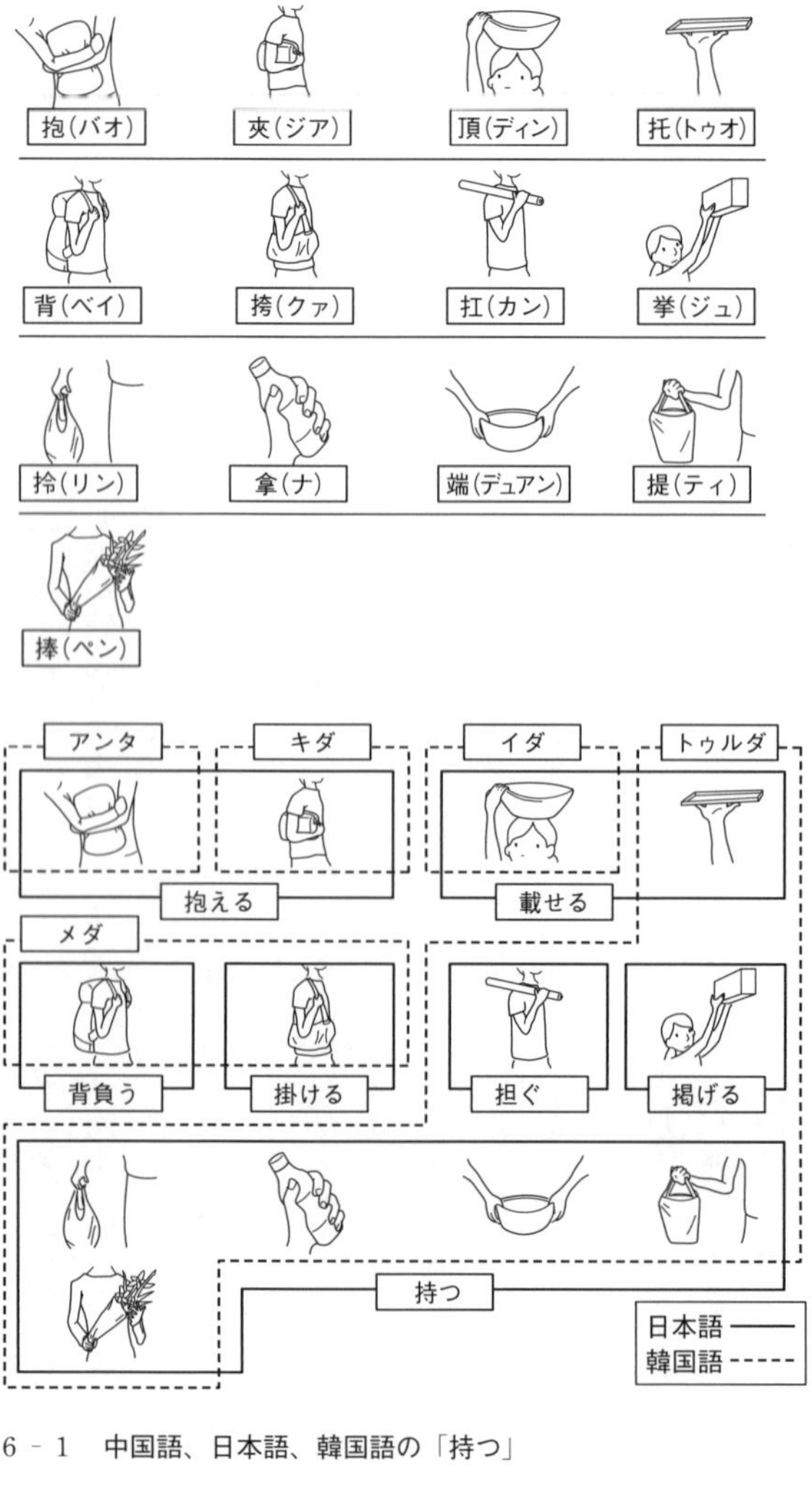

図6－1　中国語、日本語、韓国語の「持つ」

動作それぞれに別の動詞を用いる（図6-1）。英語は逆に、すべてのイラストの動作を一つの動詞holdで表現し、区別をしない。つまり、四つの言語での、この概念分野の切り分け方はまったく異なっているので、「点」（一事例）を観察しても、そこからその言語における正しい「面の範囲」を推測するのは論理的に不可能なのである。

一般化の誤り——かわいい事例から

実際、子どもは一般化の誤りをしばしば犯す。第3章で紹介した「ゆる言語学ラジオ」のJAPAN AKACHAN'S MISTAKE AWARDSデータベースにはたくさんのエピソードが寄せられた。その一つひとつが本当に興味深い。大人からすると、かわいい、ちょっとオバカな間違いと思いがちだが、子どもがことばを学ぶときの一般化の問題を見事に示している。同時に子どもの分析力と推論力の鋭さに舌を巻く。たくさんある中から二つ紹介しよう。

ラジオネーム：N=0・5さん

部屋に入るときに扉が閉まっている場合や、トイレから出たい場合に「あちぇちぇー（開けてー）」と言っていたのですが、お菓子の袋も「開ける」だと気がついてから、ミカンを食べたいときも「あちぇちぇー」といって持ってきていました。なかなか便利なことばだと感心しました。

「開ける」は多くの子どもが過剰一般化することで有名な動詞だ。英語のopenについてもたくさんの過剰一般化の報告がある。たとえば電気をつけたり、テレビをつけたりするのにopenと言う子どもがたくさんいる。そして中国語ではそれは正解である。中国語の動詞「開《カイ》」は、ドアを開ける、店を開けるなど日本語の「開ける」と同じ使い方があるが、そのほかに、電気をつけたりパソコンのスウィッチを入れるときにも、なんと車を運転するときにも使う。運転することを「開車」というのだ。だからN＝0・5さんのお子さんの間違いは、中国語ではまったく正しい使い方なのだ。

ラジオネーム：匿名キー坊さん

湯船に入ることも、湯船から出ることも「入る」と表現する。湯船から出たいときも「入る！」とお願いしてくる。「何かをまたいで（こえて）移動する」行動をすべて「入る」とくくっているような気がします。

この事例は、そもそもシーンを動詞に対応づけるときの曖昧さを如実に示している。「入る」「出る」は、動作主体が空間の外にありその中に移動するか、空間の中にあり外に移動するかのみが問題になる。バスタブを「外」と捉えれば、バスタブに「入る」だし、バスタブを「中」と捉えれば、バスタブから「出る」である。しかし、バスタブを外と見るべきか中と見るべきかは誰も教えてくれない！　それに対して、「またいで移動する」動作は視覚的に捉えやすい。だから「入る」を〈またいで場所を移動する〉と考えて、バスタブから出るときにも使うのは、完全に理屈に合っている。

「ポイする」

オノマトペが動詞の学習を助けると述べた。しかし、オノマトペの支援には限界がある。たとえば、子どもがティッシュを「捨てる」事例を見てみよう。思えば、「捨てる」や「片づける」もまた、「入る」同様、非常に抽象的な意味を持つ動詞である。どんな動作で捨ててもよい。片づけてもよい。行為の意図と結果のみが問題である。たとえば、「洟《はな》をかんだティッシュを捨てましょう」とお母さんが言って、子どもが行うべき行動は、洟をかんだティッシュペーパーを手でつまみ、ゴミ箱まで歩いていき、ゴミ箱に投げ入れるというものである。この行為の連なりのどこに「捨てる」を対応づけるべきなのか。

オノマトペの「ポイ」はそこを助ける。「ポイ」ということばの音を、子どもはゴミ箱に投げ入れる動作に結びつけることができるのだ。しかし、ここで、子どもは第3、第5章で述べたことばの多義性のために、別の種類の一般化の問題に直面する。つまり、ある場面で「ポイする」がわかっても、他の場面に正しく一般化できる保証はないのだ。

ラジオネーム：あさりんさん

子供の足元にボールが転がってきた。私はやや離れたところに立っていた。そこで、娘ちゃん、ボールぽーいってして（投げて）、と言った。しかし娘は不思議そうな顔をして動かない。私はもう一度ぽーいして、と言ってみた。すると娘はボールをしっかり持ったまま後ろへ向かって走り出した。どこへ行くのかとついていったら、ゴミ箱へボールをぽいぽいして（捨てて）くれました。

この子どもは「ポイ」を大人の考える「軽く投げる」動作ではなく、「捨てる」の意味で理解していたのだろう。オノマトペは一般語のように多義性を持つ。ある状況が、ある単語の複数の意味の中でどの意味に当てはまるかを見極めるには、かなり高度な推論が必要となる。子どもはこのように推論で意味を拡張し、間違いをしながら、多義の構造を学んでいくのである。

オノマトペを疑う

このような子どもの一般化の間違いを見て、再び、オノマトペは本当に役に立つのだろうかと疑いたくなる。第4章では、オノマトペは子どもが目の前の情報を「切り出す」武器となると述べた。

ティッシュを指でつまみ、ゴミ箱まで移動し、ゴミ箱の中に投げ入れるという一連の動作の中のどの部分に「捨てる」ということばを対応づければよいのかは、2歳児にはわかりようがない。そもそも小さい子どもは、知らない単語をモノの名前だと考える傾向にあり、動詞が動作に対応することもわからないかもしれない。その状況で、オノマトペがゴミ箱に〈投げ入れる〉動作に動詞を対応づける支援をするのは、たしかに子どもにとって大きな手助けとなるだろう。

しかし、言語は音韻、文法、語彙のすべてにおいて複雑な構造を持っている巨大な記号の体系である。まったくの初学者である子どもは、その一つひとつを分析し、解明しないと、自分で自由に使えるようになれない。母語を使いこなしている大人にとっても、言語の構造を分析し、理解するのは至難の業である。だが、言語を学ぶ幼い子どもは、好むと好まざるとに関わらず、自分で仕組みを発見しなければ、言語を使えるようになれないのだ。

このような一大事業を、ほとんど知識を持たない赤ちゃんがいったいどのように始めることができるのだろうか？　まずは持って生まれた感覚・知覚能力を使って切り込んでいくしかない。

最強のデータベース、身体を持つロボット

この問題を考えるとき、認知科学の歴史上の重要な三つのムーブメントを思い出す。これはどれも1980年代の中頃に興った。

一つめは、アメリカの人工知能（AI）研究者ダグラス・レナートが始めたCyc（サイク）プロジェクトである。これは人間の知識すべてを記述し、分類・整理して、データベースを構築しようというプロジェクトである。膨大な予算をかけ、多くの哲学や認知科学の学徒（100人規模の常勤研究者）が手作業で人間の知識を記述しつくし、人間のように、あるいは人間以上に自然言語を理解し、問題解決ができ、知識を自動生成できる機械（コンピュータ）を創造しようとした。

しかし、人間の英知の結集ともいえるデータベースは創られたものの、人間のような自然言語を理解する装置や問題解決装置には発展しなかった。（現在はウィキペディアや高校の学習教材のデータベースなどに活用されているようである。）このことはハルナッドの「身体につ

ながっていない記号から言語は生まれない」という指摘が正しいことの傍証となった。

二つめのムーブメントは、「ロボットの父」ロドニー・ブルックスによる昆虫ロボットプロジェクトである。このプロジェクトはいわばCycプロジェクトの対極にあり、記号をもとに自然言語理解や問題解決、知識の発見を目指していた当時のアプローチのアンチテーゼとして立ち上げられた。コンピュータに感覚・知覚能力（＝身体）を持たせることで、身体と環境が相互作用するだけで、事前に知識を入力していなくても、知的行動を取ることができる（もっと言えば知識が創発できる）ことを示そうとした。現在主流となった身体を持ったAI、つまりロボットはこのプロジェクトが始まりとされる。AI研究にも認知科学にも、コペルニクス的転回をもたらしたと言ってもよいかもしれない。

ただし、このプロジェクトもまた、自然言語理解や科学的発見のような人間の知的活動の創成には発展していない。身体の感覚から環境の特徴を捉え、整理・分類し、記憶する能力があっても、それだけでは現在の形の抽象的で複雑な構造を持った言語を創成することはできないし、それを習得することもできないのである。このことは音と意味（対象の特徴）の感覚的な結びつき、つまり音象徴を感知する能力があっても、それだけでは言語の習得ができないことを示しており、言語の習得に何が必要かという問題に深い示唆を与えてくれる。

ニューラルネット型ＡＩ——ChatGPT

レナートのＣｙｃモデルとブルックスの昆虫モデルと同じ頃に、まったく別の方向性を目指した研究者たちもいた。これが三つめのムーブメントである。彼らは、ことばで表されるような概念を、システム内に分散された細胞を並列に処理する脳の神経（ニューラル）ネットワークで表現しようとした。このモデルの元祖は、アメリカの認知科学者デイヴィット・ルーメルハートとジェームズ・マクレランドが１９８６年に提唱した**Parallel Distributed Processing**（ＰＤＰ）モデルである。このモデルは、記号で概念を表現し、記号の操作で知識を創るという発想を排除した点は昆虫ロボットと同じだが、身体と外界の相互作用によって知識を創るという発想は持たない。

ＰＤＰモデルは記号アプローチのＡＩの限界を乗り越えるモデルとして非常に大きな注目を集めたが、ハードウエア上の制約や、ネットワークの設計上の制約から、長らく実世界の問題解決に必要な複雑な計算ができなかった。しかし、２０１０年にジェフリー・ヒントンにより深層学習（Deep Learning）のアルゴリズムが提案されたことを契機に飛躍的に発展し、今では多くの分野で実用されるようになった。２０２０年代初頭において、三つのムーブメントの勝者は、このニューラルネット型ＡＩだろう。

中でも目覚ましく発展した分野の一つが、自動翻訳である。両筆者とも、少し前までは、日本語と英語の間ではほとんど役に立たないと思い、英語論文の執筆に使うことはなく、試そうともしなかった。しかし、その思い込みは覆されつつある。

現在（２０２３年４月）、ChatGPTというＡＩアプリが大いに世間を賑わせている。文字ベースで質問やリクエストをすると、即座に答えを返してくれる。多言語対応で、質問やリクエストを日本語ですれば日本語で、英語ですれば英語で答えが返ってくる。翻訳もしてくれる。

試しに、今井むつみ著『ことばと思考』の冒頭部分を英訳するようにリクエストしてみた。

> ことばは世界への窓である。私たちは日々の生活の中で、とくに意識することなく、ことばを通して世界を見たり、ものごとを考えたりしている。あらためて、ことばが私たちの日常にどのような役割を果たしているのか、ことばがない世界とはどのようなものなのか、などと考えることはめったにあるまい。だが、ことばは私たちの世界の見方、認識の仕方と、一体どのような関わりを持っているのだろうか。

> Language is a window to the world. In our daily lives, we often see the world and think about things through language, especially without conscious thought. It is rare to think

about how language plays a role in our daily lives and what a world without language would be like. However, how does language relate to the way we see and understand the world?

文法の誤りはなく、自然な英文が返ってきた。英作文のテストならほぼ満点をつけるレベルである。しいて言えば、「とくに意識することなくespecially without conscious thought」の「とくに」は、especiallyの意味ではないので、この単語がないほうがよかったなと思うくらいである。記号接地をしていないのに、「記号から記号の漂流」でこれほど見事な翻訳をする。

記号接地できずに学べない子どもたち

今のニューラルネット型ＡＩは記号接地をせずに学習をすることができ、人間の創造性は実現できないにしろ、普通の人間よりもずっと大量の知識を蓄え、知識を使って説明を行い、問題を解決できる。一方、人間はどうだろう。

多くの子どもは分数がとても苦手である。筆者の今井は小学生・中学生が数の基本的な概念をどのように理解しているかを見るためのテスト「ことばのたつじん」「かんがえるたつじん」を開発し、大規模な調査を実施した。詳しくは今井むつみ他著『算数文章題が解けない子どもたち――ことば・思考の力と学力不振』で報告しているので、そちらをお読みいただきたい。

小学生の調査で、$\frac{1}{2}$と$\frac{1}{3}$のどちらが大きいか尋ねると、5年生でも$\frac{1}{3}$のほうが大きいと答えた子どもが$\frac{1}{2}$のほうが大きいと答えた子どもよりたくさんおり、正答率は50%を切っていた（49・7%）。0・5と$\frac{1}{3}$はどちらが大きいかという問いでの正答率は5年生で42・3%という低さだった。

中学生の分数理解はどうだろうか。中学生2年生に、たとえば①と②の不等式で正しいのはどちらか尋ねた。

① $\frac{99}{100} < 100 < \frac{101}{100}$

② $\frac{99}{100} < \frac{101}{100} < 100$

もちろん②が正解であるが、正答できたのはたった36%で、①を選んだ生徒のほうが多かった。$\frac{1}{2}+\frac{1}{3}$にもっとも近い整数を0、1、2、5の中から選ぶよう求めた問題でも、

51人中27人が「5」を選び、正答の「1」を選んだ子どもはわずか38・5%しかいなかった。
調査結果からわかったことは、非常に多くの中学生が1/3、1/2のようなもっとも基本的な分数の意味を理解していない、つまり分数の記号を接地していないということだった。そのため中学生になっても、基本的な分数ですら、その意味を理解できていないのである。

小学生のときに1/2のような基本的な分数の概念を接地できなかったため、上記のような初歩的な問題すらわからない中学生。それに対して、記号一つひとつの意味はまったく接地していなくても、どんどん概念を学習し、問題を解き、（少なくとも表面的には）間違いない答えを出力できるＡＩ。

人間は、記号が身体、あるいは自分の経験に接地できていないと学習できない。かたやＡＩは大量の（そして誤りのない良質な）データを受け取れば受け取るほど、記号から記号への漂流を続けながら、知識を驚異的なスピードで拡大し続けることができるのである。ただ重要なことは、誤りのない良質なデータを作るのは人間だし、そのデータを学習に使うようＡＩを誘導するのも人間だということである。人間とＡＩの関係については今後本当に真剣に考えていかなければならない。

ブートストラッピング・サイクル

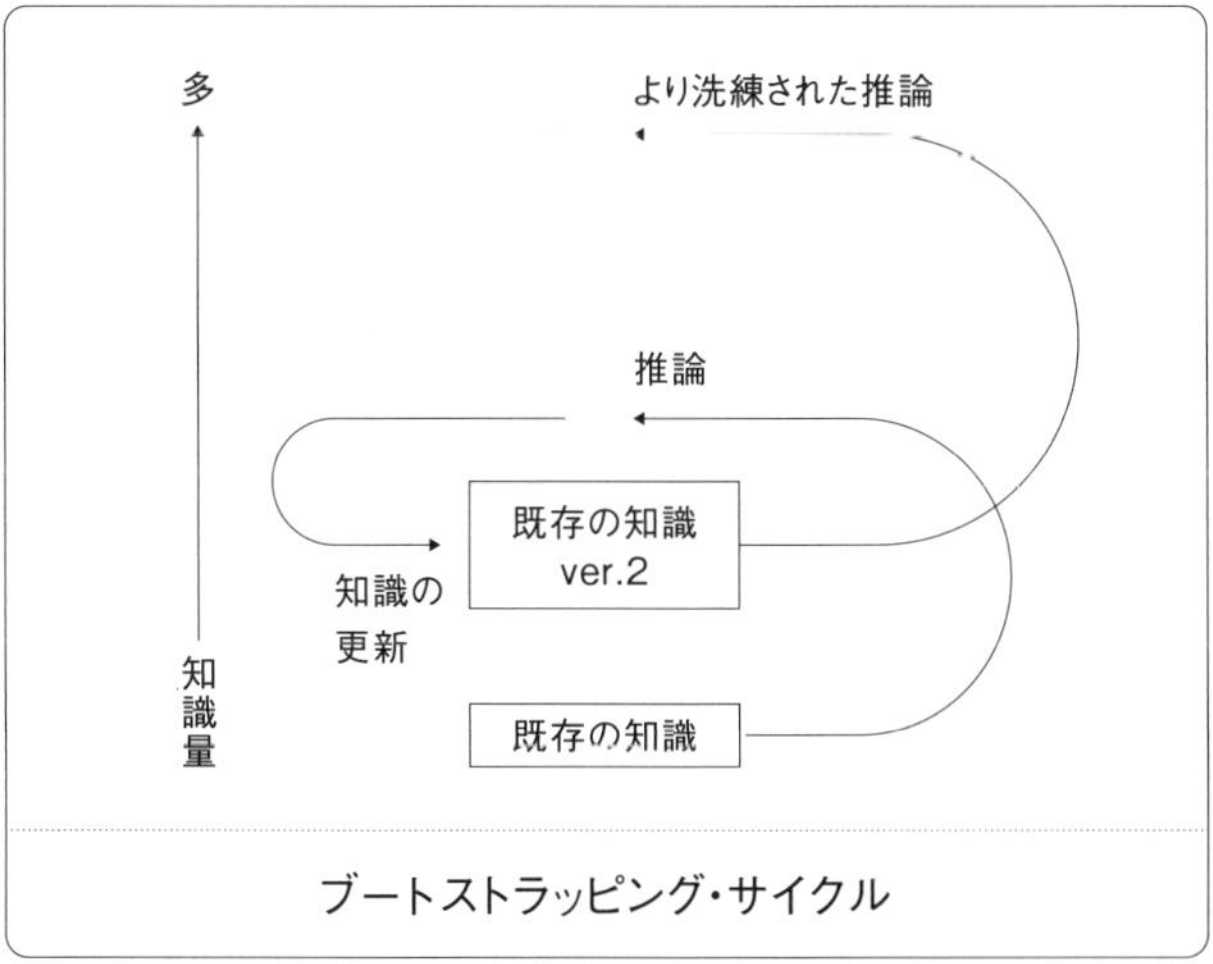

図6－2　ブートストラッピング・サイクル

ハルナッドが指摘したように、身体にまったくつながらない記号をいくら集めても、言語を習得することはできない。しかし、感覚・知覚につながったオノマトペをやみくもにたくさん覚えても、やはり複雑な構造を持つ言語の体系には到達できない。山を登る手立てはないものか。

このジレンマを解決するために筆者たちが提案するのが、「ブートストラッピング・サイクル」である（図6－2）。くつ（ブーツ）の履き口にあるつまみ（ストラップ）を自分の指で引くと、うまく履くことができる。そこから、〈自らの力で、自身をより良くする〉という比喩に派生し、やがて言語習得の分野の学術用語となった。

何かを端緒にしないと、言語のような巨

大で複雑なシステムの学習を始めることはできない。しかしブートストラッピング・サイクルを想定すると、すべての単語、すべての概念が直接に身体に接地していなくても、最初の端緒となる知識が接地されていれば、その知識を雪だるま式に増やしていくことができる。いったん学習が始まると、最初はちっぽけだった知識が新たな知識を生み、どんどん成長していくことができるのだ。

ここからは、言語の体系はどのようにできていくのかをブートストラッピング・サイクルのモデルから考えてみよう。

名詞学習

第4章で述べた「名づけの洞察」により、単語に意味があることに気がついた乳児は、ことばを少しずつ覚えていく。ことばを対象に対応づけていくだけではない。ことばが指す対象を探しながら、同時に対応づけた対象を一般化するときの手がかりを探索しているのである。

手がかりはいろいろある。たとえば、子どもは話し手の視線や表情を手がかりにできることがわかっている。ある実験では、実験者が2歳児に二つのモノを見せたあと、それぞれ穴が開いている別の箱に入れ、一方の箱を覗き込みながら「モディ、これはモディ」と言った。

その後、二つのモノを箱から取り出し、モディをちょうだいと言うと、子どもは実験者が覗き込んだ箱に入っていたモノを選んだ。つまり、子どもは、名づけるときに話者が見ているモノが名づけの対象であることを想定していたとわかる。

手がかりはそれだけではない。ほかにもいろいろある。子どもの目の前に、名前を知らないモノがある。そこで知らないことばを聞いたら、そのことばは色や素材の名前ではなく、目の前のモノそのものの名前であると考える。ことばを知っているモノと知らないモノの両方を目にして、知らないことば（たとえば「ネケ」）を聞くと、ネケはことばを知らないモノの名前だと想定すること、さらにそのことばを一般化するときには、モノの大きさ、素材、色ではなく、形を基準に一般化できると考えることも、筆者（今井）の実験でわかった。

子どもが知らないモノに新奇な名前（「ネケ」）をつけ、①名づけられたモノと形もその他の特徴（大きさや模様）もそっくりのモノ、②形は似ているが他の特徴が異なるモノ、③形もその他の特徴もまったく異なるモノを見せ、「ネケはどれ？」と聞いた。すると2歳児は躊躇《ちゅうちょ》なく、もともと「ネケ」と名づけられたモノや、①形と他の特徴を共有しているモノだけでなく、②形は似ているが他の特徴が異なるモノも、「ネケ」の対象として選んだのである（図6-3）。子どものこのような選択行動は、ことばというのは形が似ている他のモノにも使えるのだと子どもが思っていることを示している。

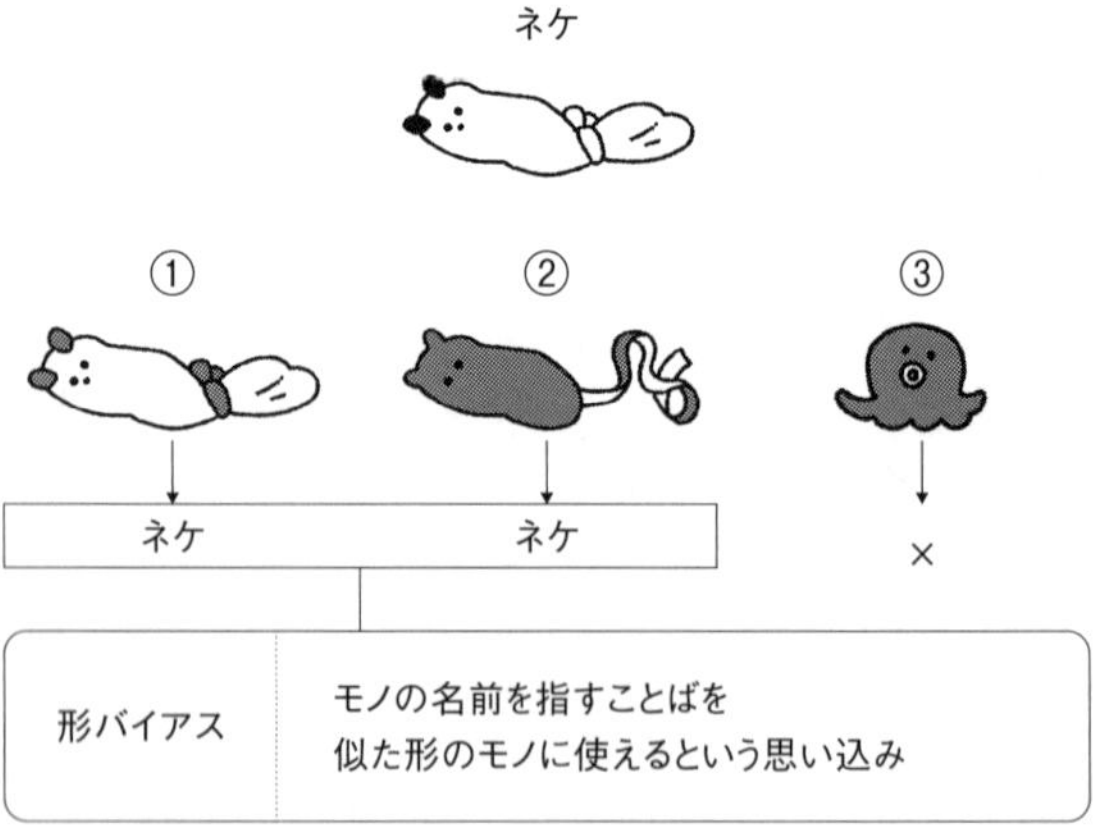

図6－3　名詞学習の実験　「ネケ」はどれ？

この子どもの思い込みは、「形バイアス」と呼ばれる。モノの名前を憶えていくうちに、子どもはモノの名前を指すことばは似た形のモノに使える、ということに気づき、新しいことばを聞くたびにそのルールを適用しているのだ。この形バイアスは、子どもの語彙の学習を加速させ、知っていることばを急速に増やしていく。

語彙が増えると、すでに知っている単語も新しい単語の学習を促進する。知っていることばが多ければ大人の言うことも理解しやすくなり、知っていることばの知識を使って推論をしやすくなる。大人は子どもの理解度に合わせて、これまで使わなかった、ちょっと難しそうなことばを使うようになり、それがまた語彙を成長させることができる。

語彙が増えるとさらに子どもは、一般化をするときに大事なのは、モノの形とは限らず、「卵から生まれる」や「お母さんのお腹の中で育ってから生まれる」などの内的な性質だということに気づくようになる。モノの内的な性質を共有するほうが形よりも大事なのだという認識を得て、形バイアスそのものを修正し、対象のより本質的な性質に目を向けるようになる。語彙についての知識も概念についての知識も、より洗練されていく。

このような既存の知識が新たな知識を生み、語彙の成長を加速させ、さらにことばを学習するときの手がかりとなるバイアス自体、つまり「学習の仕方」を洗練させていく。このポジティブな循環がブートストラッピング・サイクルである。

動詞学習

動詞の場合にはどうだろうか？　ブートストラッピング・サイクルの顕著な例を筆者（今井）が行った実験から紹介しよう。

すでに述べたように、動詞の一般化は幼児には名詞よりもさらに難しい。オノマトペの持つ音象徴性は、シーンのどの部分に動詞を対応づけるかを教えてくれると第4章で紹介した。この実験では、動作主体（ウサギ）が特定の動作で歩いているところに「ネケっているよ」

と動詞で名づけをし、そのあと、①同じ動作主（ウサギ）がまったく違う動作で歩いている動画と、②違う動作主（クマ）がさっきと同じ動作で歩いている動画を見せた。すると、3歳の幼児はどちらが「ネケっている」動作かわからなくなってしまう。しかし、「ノスノスしてる」という、音と動作につながりが感じられる動詞を使うと、動作主が変わっても同じ動作に動詞を一般化できるという結果を紹介した。

実は、子どもが動詞の意味を推測するのに頼ることができる類似性は、音象徴（つまり音と意味の間の類似性）だけではない。動作に使われるモノの形の類似性もブートストラッピングに使うことができる。

今度の実験では、動画にもう一つ要素を加えた。動作に使われるモノである。女の人（動作主）が新奇なモノに対してある動作をする動画を見せ、動作に動詞のラベルをつける。たとえば、「お姉さんがチモっているよ」と言う。この新奇動詞を一般化できるかをみるテストでは①モノが同じで、もとの名づけられた動作と違う動作の動画、②モノは別で、動作がもとの動作と同じ動画の二つのテスト動画を用意した。新奇動詞はどちらの動画かといえば、もちろん②である。このとき、②の動画に2種類を設定し、子どもを二つのグループに分けて、2種類のうちのどちらかの動画を用いた。一つのグループの子どもには、②の動画で、動作に用いられるモノがもとの動画と形の似ている動画（類似物体群、上パネル）を見せた。

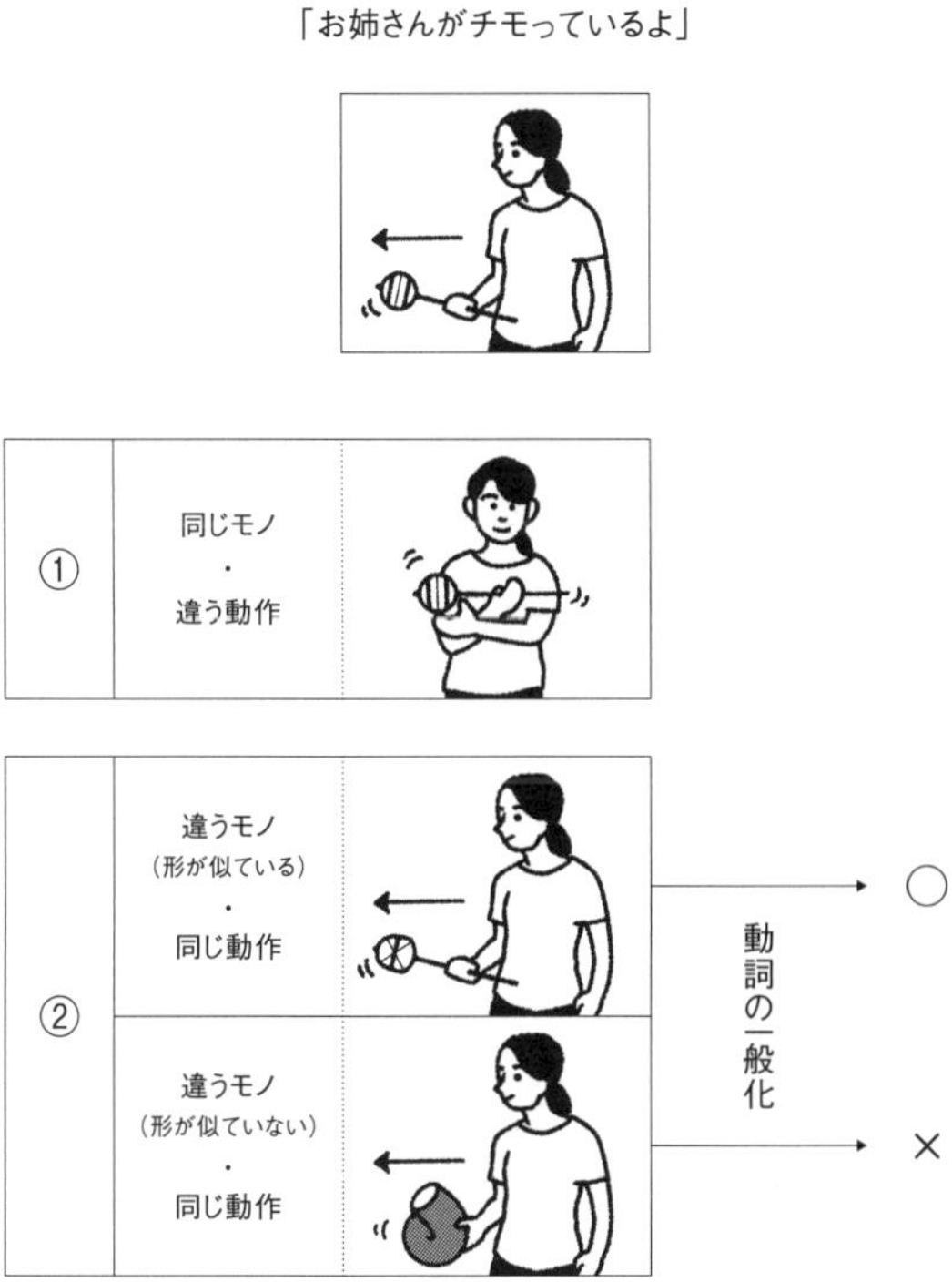

図6－4　**動詞学習の実験1**　モノの類似性をヒントに動詞を学習する

残りの半分の子どもには、モノがもとの動画と形が似ていない動画（非類似物体群、下パネル）を見せた（実験1、図6－4）。

すると、非類似物体群の子どもは、②の動画（同じ動作を含む動画）に動詞を一般化できなかったが、類似物体群の子どもは一般化に成功した。すなわち、動作に使われたモノの類似性が、動詞の一般化を助けたのである。この実験から、動作に用いられるモノの類似性もまた、ブートストラッピング・サイクルを引き起こすことができることがわかる。

動詞のエッセンスへの気づき

この実験には続きがあり、もっとも大事なブートストラッピング効果はここからである。続く実験では、同じ年の子どもたちに、全8回のトライアルを行った（実験2）。8回のうち、前半4回では実験1の類似物体群と同じ動画セットを用い、続けて後半4回では実験1の非類似物体群と同じ動画セットを用いた。この条件を「実験群」と呼ぶ。

次に、実験群とは別の子どもたちを統制群として、8回ともに非類似物体群の動画セットを用いて、トライアルを行った。

統制群の子どもは、実験1の非類似物体群の子どもたちと同じように、最初から最後まで、動作への一般化ができなかった。実験群の子どもはどうだっただろうか？　図6－5の「前半4試行」のほうを見てほしい。モノが似ている前半4回は、実験1と同様に、同じ動作に動詞を一般化できた。問題は後半4試行である。ここでは、統制群と同じに、モノは似ておらず動作がもとの動作と同じ動画が見せられた。実験群の子どもたちはなんとこの場合にも、同じ動作に動詞を一般化できたのである。

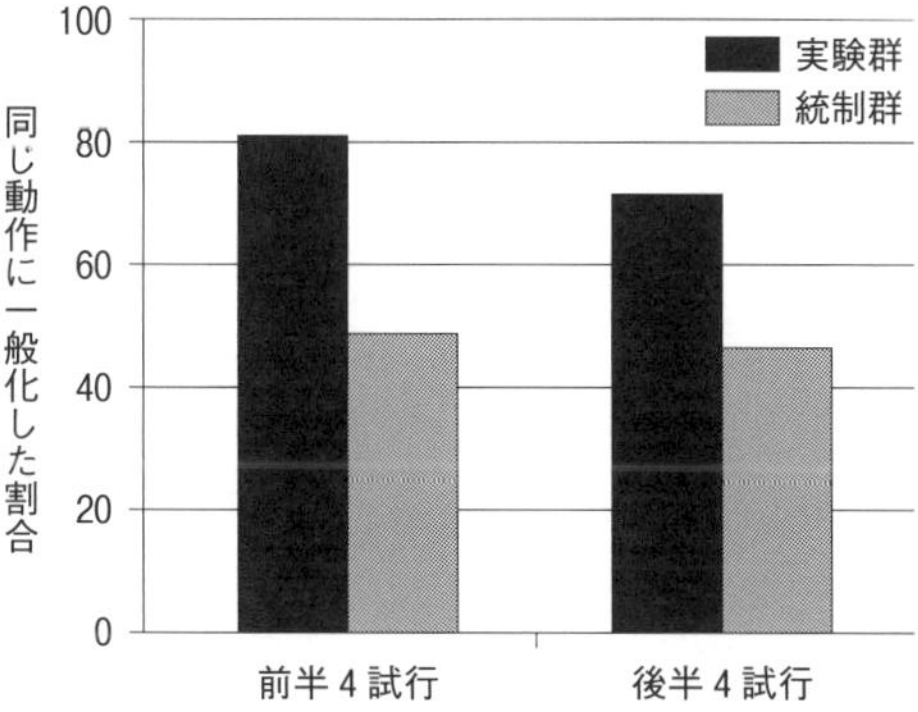

図6－5　**動詞学習の実験2**　前半4回の類似性学習によって、後半4回ではモノが類似せずとも動詞を一般化する

実験群と統制群の子どもたちの違いは、前半4回のトライアルだけである。何が起こったのだろうか？

実験に参加した子どもは「ている」の形を持つ動詞が、モノの名前、つまり名詞とは違うことはすでに知っていた。ただ、4歳くらいだと、モノへの注目が非常に強いので、同じモノを見るとそれに引っ張られてしまい、全体から動作だけを取り出して名前をつけるということができない。

しかし、前半4回でもとのモノと類似したモノが同じ動作に使われていることを見た子どもは、オリジナルの動画と動作が同じ動画が、動作主、動作、動作対象（モノ）の三つの要素から成り立っていることに気づき、二つの動画の要素同士を対応づけることができる。これを心理学で「アラインメント」という。要素同士を構造的に整列させるという意味だ。

そこで、「ている」形のことばとはモノではなく、モノから切り離した動作を指すという洞察が得られる。すると、もはや、モノの違いに惑わされず、同じ動作に動詞を適用することができるようになるのである。たった4回のトライアルで4歳児はこの洞察に至り、動詞というものがあることを知るようになるのだ。

記号接地問題の解決

子どもはこのように、ある足がかりがあれば、そこから学習を始め、知識を創っていく。そのとき子どもがしていることは、「教えてもらったことの暗記」とはまったく異なる。今もっている資源を駆使して、知識を蓄える。同時に学習した知識を分析し、さらなる学習に役立つ手がかりを探して学習を加速させ、さらに効率よく知識を拡大していく。その背後にあるのがブートストラッピング・サイクルである。

動詞の学習は、モノの名前とは文の中で現れる位置や形が違うことばがあり、それは動きとともに発話されやすいという最初の気づきから始まる。オノマトペの持つ音象徴、つまり、音と意味の類似性や、先ほどの実験で示したモノの類似性はここで活躍するのだ。しかし、動作そのものは曖昧で、どのように切り出し、どの部分がことばに対応するのかは観察してもわかりにくい。子どもは頻繁に誤りを犯しながらも、動作や行為のどこにことばが対応するのか、つまり動詞の一般化の基準を探索していく。

第5章で述べたように、大人が「似ている」と思う基準は、視覚的な類似性に限らない。言語を学習することによって、抽象的な関係性や同じパターンで使われる関係性など、もともとは「似ている」と思わなかった概念にも類似性を感じるようになる。乳幼児期から子どもは、知覚的な類似性を検出することができる。その「似ている」感覚を足がかりに、動詞の持つ抽象性を緩和し、動詞を学習する。さらに、動詞を学習することで、抽象的な関係性にも「似ている」と感じることができるようになるのだ。言い換えれば、動詞を知らなくてもわかる知覚的な類似性を利用して、大人のように、抽象的な関係性を「似ている」と見なせるようになる。自らをブートストラップしているのである。

要するに、高い学習能力を持っている学習システムでは、何かのきっかけでシステムが起動されると、知識が知識を生むというブートストラッピング・サイクルによって知識がどんどん増えていくのである。単に知識のボリューム（個別の要素知識）が増えるだけではない。新しく加わる要素知識は既存の知識に関係づけられ、知識システムの構成要素となる。同時に、新たな知識は既存の知識を質的にも変化させる。知識を整理する上で根幹となる「似ている」や「同じ」についての認識自体が変化するのである。

ブートストラッピング・サイクルによる学習では、知識はつねに再編成され、変化を続けながらボリュームを増し、構造も洗練されていく。節目節目で重要な「洞察」が生まれ、「洞察」が学習を大きく加速させたり、概念の体系を大きく変化させたりする。つまり言語習得とは、**推論によって知識を増やしながら、同時に「学習の仕方」自体も学習し、洗練させていく、自律的に成長し続けるプロセスなのである。**

このような仕組みがあればこそ、子どもはほとんど知識を持たない状態から始めても、自分の持てるリソース（感覚・知覚能力と推論能力）を使って端緒となる知識を創り、そこから短期間で言語のような巨大な知識のシステムを身体の一部として自分のものにしていくことができるのだ。そしてこれこそが、記号接地問題を解決する方法なのである。

ここまでは、子どもがどのように自律的に学習するかというメカニズムに関する考察である。しかし、そもそもどのようにして新たな知識は獲得され、洞察は生まれるのだろうか？そこでもう一歩、探究の歩を進め、子どもが言語を学習する能力には根本的に何が必要なのか、という視点で考えてみよう。すると、言語を学習することができるヒトと、言語を学習しないヒト以外の動物で、学習の仕方にどのような違いがあるのか、という切り口が浮かび上がってくる。

たとえば、知覚能力と記憶能力は学習にはなくてはならない能力であるが、これらの能力はヒト以外の動物にも共有されている。また、そもそも、ある出来事の経験に含まれる情報をビデオカメラのようにすべて取り入れることも記憶することも私たちにはできない。「学習」と呼べるものは、必ず何らかの粒度で情報の取捨選択と抽象化をしなければできない。その時点で、**学習は「経験の丸暗記」によるものではなく、「推論」というステップを経たものなのである。**以下、ヒトが磨いてきた推論、動物は行わない（できない）推論という観点を考えてみたい。

知識を使う力

学習をするための重要かつ基本的な推論能力として知られるのは、周りの情報の統計的な分布を抽出する能力である。たとえば、大人は話すとき、単語ごとにポーズ（休止）を入れるわけではない。赤ちゃんが単語の意味を学習するためには、その前に音の塊としての単語を自分で見つけなければならない。文を単語に切り分け単語を探していくのに、赤ちゃんは統計的な分析能力を駆使する。たとえば赤ちゃんは自分の母語で、単語の最初に来る確率が高い音、低い音、単語の最後に来やすい音、来にくい音などを分析し、それを使うことができる。単語の中でこの音が来たら次にはこの音が来やすいなどの、続きやすい音の並びも抽出する。

統計情報は、進化的に共有されている能力で、動物の学習ではもっとも活躍する能力である。たとえばヒヒは、視覚提示されたアルファベットの並びを統計的に学習して、まだ学習していない新奇な単語が英語の単語か否かを判断できるようだ。英語の単語も、単語の最初に来る確率が極端に低い文字や、ありそうにない文字列、単語の中で連続しやすい文字列がある。訓練によってヒヒはそれを学習することができたのである（もちろん単語の意味の理解はまったくしていない）。

このようなことを学習できるヒヒの能力にビックリされる方も多いかもしれない。この研究で示されたヒヒの学習は、音の並びの確率情報を検知し、単語を切り分けていく赤ちゃんの学習とそっくりだ。

しかし、人間の赤ちゃんの統計情報の利用は、これにとどまらない。日本語を母語として学ぶ赤ちゃんは文の構造を分析するのに、助詞の統計情報も使う。「が」「は」「を」などの助詞は非常に頻度が高いので文を単語に切っていくのにも役立つ。まず、「が」「は」「を」の前の音が一つの単語の終わりとなるので、これらの助詞は単語の終わりに来やすい音を検出しやすくする。

言語の発達がもっと進んだ段階になると、「が」や「は」の前は動作をする人（主語）、「を」の前にくる単語は動作によって影響を受ける人やモノであることが多いことも発見する。助詞によってその前に来る単語の品詞を見極めるのだ。知らない単語の意味を推論するとき、品詞の情報はもっとも基本的で重要な情報である。名詞ならモノを、動詞なら動作や行為を指すという洞察が得られれば、単語の意味の学習は格段に加速する。これはまさに先ほど述べたブートストラッピング・サイクルによる学習の図式そのものである。人間の赤ちゃんは、ひとたび何かについての知識を得ると、すぐにそれを別の機会に適用し、別の知識の学習に使う。この「知識を使う力」つまり「知識が知識を創造する」というパターンは、人間以外の動物には見られないものである。

演繹推論、帰納推論、アブダクション推論

論理学では、「推論」といえば演繹推論と帰納推論である。演繹推論は、ある命題（規則）が正しいと仮定し、またその事例が正しいときに、正しい結果を導く。よく見かける演繹推論の例にこのようなものがある。

演繹

①この袋の豆はすべて白い　（規則）
②これらの豆はこの袋の豆である　（事例）
③ゆえに、これらの豆は白い　（結果）

これも有名な演繹推論の例である。

①すべての人間は死ぬ　（規則）
②ソクラテスは人間である　（事例）
③ゆえに、ソクラテスは死ぬ　（結果）

対して帰納推論は、同じ事象の観察が積み重なったとき、その観察を一般規則として導出する推論である。わかりやすいように先ほどと同じ豆の例から。

帰納
①これらの豆はこの袋の豆である　（事例）
②これらの豆は白い　（結果）

③ゆえに、この袋の豆はすべて白い　(観察からの一般規則の導出)

豆の入った袋からサンプルを10粒取り、すべて白かったから、この袋の豆はすべて白いと結論づける推論である。太陽は東から登り、西に沈むのをずっと観察して、「太陽は必ず東から登り、西に沈む」という結論を下したり、支えられていない物体は落下するという事例を観察し続けた結果、「すべての物体は支えられていないと落下する」と結論づけるのも帰納推論である。

第1章でアイコン性(類似性)の提唱者として言及した哲学者チャールズ・サンダース・パースは、演繹、帰納に加えて、「仮説形成推論(アブダクション abduction)」という推論形式を提唱した。[1]

先ほどの袋の中の豆についてのケースをアブダクション推論に適用するとこのようになる。

アブダクション

①この袋の豆はすべて白い　(規則)

②これらの豆は白い　(結果)

③ゆえに、これらの豆はこの袋から取り出した豆である　(結果の由来を導出)

演繹推論、帰納推論、アブダクション推論のうち、つねに正しい答えを導くことができるのは演繹推論である。帰納推論とアブダクション推論は、つねに正しい答えにたどり着けるわけではない。帰納推論は、観察したサンプルの99％があてはまるある事象にもとづいて、「すべてのXはAである」という一般化をしても、AでないXが一事例でも見つかれば論理的には偽になってしまう。アブダクション推論はそもそも仮説にすぎない。科学史において誤った仮説は星の数ほど存在する。しかし、この三つの推論のうち新しい知識を生むのは、帰納推論とアブダクション推論であり、演繹推論は新たな知識を創造しない。

パースによる帰納推論とアブダクション推論の違いの考察は非常に興味深い。帰納推論は、観察した事例での現象・性質が、それらの事例が属するクラス全体についても見出されるという推論である。言い換えれば、観察される部分を、全体に一般化するのが帰納推論である。

それに対し、アブダクション推論は観察データを説明するための、仮説を形成する推論である。推論の過程において、直接には観察不可能な何かを仮定し、直接観察したものと違う種類の何かを推論する。たとえば、物体は支えがないと落ちるという結論は帰納的に導出できるが、この帰納推論からは、「重力」という概念はどんなにがんばっても生まれてこない。アブダクション推論は、なぜ支えられていないモノが落下するのかという現象に対して説明い、い、い、を与えるものである。ただし、帰納推論とアブダクション推論がまったく質の異なる推論かというと、実際にはこの二つの推論の境界は曖昧である。科学において私たちの観察の限界を超えて帰納を広げていくと、推論はアブダクションの性格を帯びるようになるのだ。

あらかじめアブダクションによる仮説の提案がなくては、帰納は、その役割を果たすことができないのであり、仮説なしに帰納的方法は成り立たない。そもそも、同じ問題（たとえば肺癌の原因）でも、探究の異なる段階で個々の研究者がどんな判断を下し、どのような推論を行い、どういう仮説を思いつくかによって、どの事実が問題に関連性があるか、どういう種類のデータを集めることが理にかなっているかが決まる。関連性のある事実は、取り組まれている問題だけで決められるわけではなく、この問題に対して研究者が仮説的に思いつく解決の私案（たとえば肺癌の原因を体質の遺伝と考えるか、喫煙と考えるか、大気汚染と考えるか）によって決められる。帰納推論は、事実をして自ら語らしめると言っても、まず何らかの仮説がないと事実を集めることはできない。このように、帰納推論とアブダクション推論は連続し、混合しているのである。

1　パースの記号論は難解なのだが、米盛裕二が『アブダクション——仮説と発見の論理』という著書でパースのアブダクションと帰納推論について明快かつ洞察に富む論考を展開している。以下の議論はパースの原典を踏まえた、米盛の『アブダクション』の論考に依拠している。

ヘレン・ケラーとアブダクション推論

なぜ、パースの帰納推論とアブダクション推論の話に移ったかをいぶかしく思われたかもしれない。この話を持ち出したのは、子どもが言語習得の過程で行っていること、つまり知識が新たな知識を創造し、洞察を生み、洞察が知識創造を加速するブートストラッピング・サイクルが、まさに帰納推論とアブダクション推論の混合によるものだからである。

第4章で述べたヘレン・ケラーのエピソードをもう一度考えてみよう。ヘレンは、モノや行為と同時に掌に指で何か刺激を受けること（指文字が綴られること）に気づいていた。モノと刺激のパターンに一定の対応づけがあることも理解していた。

しかし、掌の刺激が何であるかは理解していなかった。彼女が理解していたのは、観察できる範囲の中で、モノや行為と同時に決まった刺激パターンが掌に与えられる、ということだった。これはすなわち、単純な帰納的一般化と言えるだろう。

以前にはチンパンジーにことばを学習させようという試みがずいぶん行われ、実際にチンパンジーたちはリンゴ、バナナ、くつや、赤、青、黒、黄色などの積み木に対して、それぞれ記号（絵文字）を対応づけることを学習した。ヘレンが water 事件の前に学習していたことは、チンパンジーのモノと記号の対応づけの学習とさして変わらないものだったかもしれない。

しかし、ヘレンは、手に水を浴びたときに、サリバン先生が手に綴ったwaterが、この冷たい液体の名前であると理解した。これは、単純な洞察と思われるかもしれない。しかし、ヘレンはそこから「すべてのモノには名前があることを理解した」と述べている。冷たい水を掌に感じ、同時に掌に綴りを感じたとき、彼女は、過去に遡及してこれまでの経験がみな「同じだった」ことを理解したのである。そして、そこからさらにアブダクションを進め、「すべての対象、モノにも行為にもモノの性質や様子にも名前がある」という洞察を得たのである。

これがいかに大きな洞察であるか。パースが指摘したように、何らかの仮説がないと事実を集めることを始めることができない。第4章で述べたように、人間の赤ちゃんが音（人の声による音の塊）といっしょに現れる対象の間に必然的なつながりがあると感じたり、対応づけに違和感を覚えたりする能力（異感覚マッピングの能力）があったとしても、ヘレンのwaterの場合のように「人の発する音声の塊は対象の名前である」という洞察を得なければ、言語は習得できただろうか？　それ以前のヘレンのように、あるいは研究者によってことばの学習をさせられたチンパンジーたちのように、それ以降、単純に観察できる単語の形式

（音声、手話、点字など）と対象のつながりから、「単語の意味」を探求しようとはしないのではないか。そしてさらに、「語彙の仕組み」や「単語をまとめる規則によって意味を作り出す仕組み」の探求を始めようとしないのではないだろうか。

子どもが言語を習得する過程で、「名詞は色や素材や大きさではなく、形の類似性によって一般化される」、「動詞は動作をする人や動作の対象ではなく、動作自体の類似性によって一般化される」といった洞察が生まれると先ほど述べた。これもまた、アブダクション推論による洞察である。これによって、飛躍的に語彙の学習が加速するのだ。

帰納推論による言い間違い

赤ちゃんの言い間違いは、幾多の帰納推論・アブダクション推論の足跡が垣間見られる宝庫である。先ほど述べたように、帰納推論とアブダクション推論を明確に線引きすることは難しいが、話をわかりやすくするためにあえて分類してみた。以下の例は、帰納推論による誤りである。

ピッチャー、キャッチャーを踏まえ、バッターのことを「バッチャー」と言う。

朝日新聞の読者投稿欄「あのね」にあったエピソードである。人の役割名に共通する終わり方（接辞）があることを観察し、すかさず一般化した事例だ。

おばあさんがお客様にお茶を出すときに「粗茶ですが」というのを聞いて、自分のネコを抱えてお客さんに見せながら「ソネコです」と言う。

これも「あのね」欄から。3歳の子どもは「なんでお茶じゃなくてソチャなの？」とおばあさんに聞き、お客様には「ソ」をつけるのよ、と聞いたらすかさず、自分のネコを紹介するときに応用した。

英語の不規則動詞 go の過去形を、goed という。

この有名なケースは、不規則動詞に規則動詞の規則を適用した誤用である。英語では、動詞 go の過去形は went であるが、子どもは go を過去形で使おうとするときに、しばしば誤って goed とする。おもしろいことに、最初は正しく went と言えていたのに、動詞を含む、きちんとした文を言う発話が増え、動詞の語彙が増えてくると、goed と言うようになるのだ。不規則動詞に規則動詞の規則を使った誤用をする時期がしばらく続くと、間違いは自然に修正される。このパターンを、発達心理学では「U字型の発達」と呼ぶ。

パターンの抽出という点では、この誤りは帰納推論による一般化の誤りと考えることができるのだが、「過去のことについて言うとき、動詞の語尾は変わる」という気づき自体はアブダクションだと言える。大人は乳幼児に対して、この規則のことを説明することはしない。「過去の出来事のことを言っている」という手がかりは、あからさまには観察できない。yesterdayとかdays/weeks/months/years agoのような言い回しは、大人にとっては「過去のこと」を表す手がかりになる。しかし、実際の発話の中には、こういう過去を表す表現が含まれない場合もたくさんある。「現在のこと、過去のこと、未来のこと」という文法概念を導出すること自体、高度なアブダクション推論が必要である。

アブダクション推論による言い間違い

以下の例は、帰納推論というよりは、アブダクション推論による誤りである。

①イチゴのしょうゆ（練乳の意）
②足で投げる（蹴るの意）

どちらの例も、幼児でも知覚的な類似性だけでなく、関係の類似性、構造の類似性も見抜く力があることを示している。これは一般的には「類推（アナロジー）」と考えられるが、類推をするためには二つの事象の間の類似性に気づかなければならない。①の例は、しょうゆと練乳という色も香りも味も違う二つの液体が、〈食品にかけて味をおいしくする〉という視覚的にはわからない機能の類似性を持ち、子どもがそれに気づいていることを示している。②の「投げる」と「蹴る」の共通性も、視覚的な類似性からは気づきにくい。実際、大人は「投げる」と「蹴る」が非常に類似した構造を持っていることに気づいていない。しかし、幼児にはこの二つの動詞の構造的類似性が理解できる。それは立派なアブダクションである。

誤りの修正

すでに述べたように、必ず一つの正解が決まる演繹推論と異なり、帰納推論とアブダクション推論は、絶対正しい正解が決まらない推論である。だから新たな知識を創造するのだ。このことは大事なことを意味する。

パース自身も、帰納推論とアブダクション推論はつねに修正されなければならないと指摘している。これらの推論が個人における言語の習得、あるいは言語以外の知識の体系の習得に貢献し、人類全体の知識の発展に貢献するためには、推論の結果として創造された知識はつねに修正されなければならないのだ。

知識を創造する推論には誤りを犯すこと、失敗することは不可避なことである。それを修正することで知識の体系全体を修正し、再編成する。この循環がシステムとしての言語の習得にも、科学の発展にも欠かせない。ブートストラッピング・サイクルによる学習は、単に新しい知識を生み出すことだけではなく、新しい知識を生み出すことによって既存の知識のシステム全体を再編成し、よりよいものに進化させていくプロセスが含まれるのである。

まとめ

本章では、オノマトペに潜むアイコン性を検知する知覚能力だけでは、言語の巨大な語彙システムに行き着くことは不可能であることを指摘した。そして、オノマトペから言語の体系の習得にたどり着くためには、「ブートストラッピング」という、今ある知識がどんどん新しい知識を生み、知識の体系が自己生成的に成長していくサイクルを想定する必要があると考察した。しかし、ブートストラッピング・サイクルが起動されるためには、最初の大事な記号は身体に接地していないといけないのだ。

ブートストラッピング・サイクルを駆動する立役者はアブダクション（仮説形成）推論で

ある。複雑かつ抽象的で膨大な記号の体系としての言語を持つのはヒトという種のみだ。記号接地問題を考えていく上で、人間と動物とで推論能力にどのような違いがあるかを考えることは、人間を理解するために、そしてなぜ人間のみが言語を持つのか、という最大の問いに答えるために、とても重要な示唆を与えてくれるはずだ。第7章では、アブダクション推論の起源を探り、なぜヒトだけが言語を持つのかという問いを考えていくとしよう。

コラム2　子どもの言い間違い

「ゆる言語学ラジオ」JAPAN AKACHAN'S MISTAKE AWARDSのエントリーからもう二つ紹介しよう。これらは本章で紹介した言い間違いよりもさらに複雑な推論の連鎖によって知識創造の幅を広げている。これらは、非常に理にかなった、瞠目《どうもく》に値するアブダクションの推論であり、これらを「誤り」とする理由は、単に日本語の慣習と不一致だということのみである。

ラジオネーム：またきちさん　〈新しい助数詞の創造〉

姪っ子が3～4歳の頃、だんだんお絵描きも上手になってきて、よく好んで動物の絵を描いていました。ある日、鉛筆で書いたウサギ、パンダ、ライオン、トラなど数匹の動物の絵を得意げに見せてきて、「これは〝にしょく〟で描いたから、次は〝さんしょく〟で描くんだー」と言いました。私は「鉛筆書きのモノクロの絵を、白黒2

色と表現するなんてなかなかの感性だな、やるやん！」なんて思いつつも、「なんで3色？　上手に描けてるから、次はもっとたくさんの色を使ったら？」と返しました。するると、姪っ子はハテナ顔を向けてきて、「だって、〝さんしょく〟しかないんだよ！」とのこと。私は「……？　色鉛筆なくしたの⁇」と。姪っ子は、話の噛み合わない私にあきれた様子で、「(見せてくれた) この絵は、〝にくしょく〟と〝そうしょく〟を描いたの。でも動物には〝ざっしょく〟もいるんでしょ？　次は、〝ざっしょく〟も描くの。だから〝さんしょく〟なんだよ」と説明してくれました。

これがどれほど素晴らしい知識の創造かおわかりだろうか？　この子どもは3〜4歳にして、動物には肉食動物、草食動物、雑食動物の三つのタイプがあるということを知っていた。さらに「肉食」「草食」「雑食」ということばがともに「○しょく」という構造を持っていることも理解していた。さらに、この子は数を数えるときには、助数詞という特別なことばを数字のあとにつけなくてはならないことも知っていた。そしてさらに、どんなものを食べようと、1回分の食事は「1食」と言い、2回分の食事は「2食」ということも知っていた。この子どもはこれらのパターンを分析した上で、「食」が動物の食性を表す助数詞として使えると考えたのだろう。

ことばを分析して得た複数の知識を組み合わせて新しい助数詞を創造したのだ。推論の連鎖で知識を生み出し、第3章で述べた言語の大原則である「生産性」で語彙を拡張するよい例である。

近代言語学の父ソシュールは語彙を「差異の体系」であると特徴づけた。これまで見てきたように、単語は単独で存在するわけではなく、体系の中に位置づけられ、体系の中の他の要素との差異でその単語の意味が決まると指摘したのである。二つめのエピソードは、ソシュールの言う「差異の体系」を構築していくために必要な原理を、幼児が理解していることを示すものである。

ラジオネーム：まっきいさん　〈形バイアスによる単語の推論〉

以前、私の胸を触りながら「おっぱい！」と言って来た4歳の息子。あなたにもおっぱいあるでしょというと、「僕はおっぱいじゃないの！　むね！」との返事。そのときは深く考えていませんでした。先日お風呂に入ると、今度は私の太ったお腹を見てクスクス笑いながら、「ママのお腹」と言ってきました。これにもあなたにもお腹あるでしょと言うと、「僕のはヘソ！」とのこと。そこではじめて、体の形で名前を判断していることが判明。出っ張っていたらおっぱい、お腹。平らだったら胸、ヘソ。

他の家族の体型を聞くと、1歳の妹は胸とお腹、パパは胸とヘソ、彼の中でおっぱいの有る無し、お腹の出てる出てないの基準があることがわかった。

新しいことばを覚えていくとき、それを「生きた知識」にするのは、そのことばと近い意味を持つ既存のことばを比較し、使い分けるという行為である。「言語は差異の体系」という原理と連結して、すべてのことばはユニークな意味を持ち、対比されるという原理がある。4歳にしてこの重要な原理を理解し、自分の語彙の体系を構築するために実践しているのだ。

第7章　ヒトと動物を分かつもの——推論と思考バイアス

第6章では、子どもがどのようにしてオノマトペから離れ、抽象的で巨大な意味の記号体系である言語を自分の身体の一部にしていくかを論じた。この過程を可能にするのは「ブートストラッピング・サイクル」という、当初は感覚に頼って創った小さな知識が新たな知識を生み、雪だるま式に自律的に知識を成長させていく仕組みであると述べた。ブートストラッピング・サイクルで中心的な役割を果たすのがアブダクション推論である。本章では、アブダクション推論の進化的な起源を考えていく。

チンパンジー「アイ」の実験

「すべての対象には名前がある」という気づきは、言語という記号体系を自分で構築していくための一歩を踏み出すための偉大な洞察であると前章で述べた。ところで、この洞察にはその下にもう一つ大事な洞察が埋め込まれている。名前というのは、形式（ことばの音や文字）と対象の間の双方向の関係から成り立っているという洞察である。どういうことか。

　ある対象について KUTSU ということばの音を聞いたとしよう。子どもは、「くつ」と大人が呼ぶモノは KUTSU という音で表すことを覚える。「くつ」の一事例を見せられて、「これは何？」と問われたら、やがて「KUTSU」と答えられるようになる。同様に子どもは、黄色い甘い果物の名前が「BANANA」と呼ばれることを覚え、その果物を大人が指差して「これ何？」と聞いたら「BANANA」と答えることができるようになったとする。しかし、その子どもが、バナナ、リンゴ、ミカンが入っているボウルから「BANANA」を取ってと指示されたのに、リンゴを取ったりミカンを取ったりしたら、親はわけがわからず、ビックリするだろう。

　だが、ことばの形式と対象の間には双方向性の関係性があるという、人間にとって当たり前のことは、動物にとっては当たり前ではないのである。今井が何年も前に見た、ある動画を紹介したい。京都大学霊長類研究所（当時）の松沢哲郎《まつざわてつろう》教授とチンパンジー「アイ」の実験の動画だった。

　アイは訓練を受けて、異なる色の積み木にそれぞれ対応する記号（絵文字）を選ぶことができる。黄色の積み木なら△、赤の積み木なら◇、黒の積み木なら○を選ぶという具合である。アイはこれをほぼ完璧にできるという。訓練のあと、時間が経ってもその対応づけの記憶は保持されていた。

しかし、動画後半の展開は衝撃的だった。今度は、アイに、記号から色を選ぶよう指示した。黄色、赤、黒など、最初の訓練で用いた色の積み木を用意した。△を示したら異なる色の積み木から黄色い積み木、◇を見せたら赤い積み木、○を見せたら黒い積み木を選べると、当然私たちは予想する。自分の子どもでそれができなかったらパニックになるかもしれない。だがアイは、訓練された方向での対応づけなら難なく正解できるのに、逆方向の対応づけ、つまり異なる記号にそれぞれ対応する積み木の色を選ぶことが、まったくできなかったのである。

人間の子どもの言語の発達を研究する今井は、この事実に驚愕《きょうがく》し、興味を掻《か》き立てられた。普段文献をフォローしている人間の子どもの言語発達の分野で、このような事実を指摘する論文をそのときまで読んだことがなかった。実際、ヒトの幼児のことばの意味の推論を研究した実験は、ほとんどすべて、子どもにある対象を指差して「ネケ」という新奇なことばを教えた場合、子どもが「ネケ」ということばを理解したかどうかを確かめるために、その対象とそれとは異なるモノを一緒に見せ、「ネケはどれ？」と聞く方法が標準的であった。

しかし、この実験の方法は、AはXであると教えたときに、子どもが同時に逆方向も学習できており、XはAであると「教わる」ことを想定しているのだ。つまり、この黄色い積み木はKIIROであると教えたとき、KIIROという音は黄色い積み木を指すとか、この赤くて丸い果物はRINGOであると教えたとき、その逆のRINGOという音は赤くて丸い果物なのだと思いこむことを想定している。この逆方向への一般化こそが、特定の音が対象の名前なのだという理解を支えているとも言える。

だが、よくよく考えてみると、この一般化は論理的には正しくない。「AならばX」は、「XならばA」と同じではない。このことは、「ペンギンならば鳥である」が正しくても、「鳥ならばペンギンである」は正しくならないことからすぐわかることだ。

アイが「黄色い積み木は△、赤い積み木は◇」と学習しても、「△は黄色い積み木、◇は赤い積み木」と選べないのは、論理的にはまったく正しいのである。

対象→記号の対応づけを学習したら、記号→対象の対応づけも同時に学習する。人間が言語を学ぶときに当然だと思われるこの想定は、論理的には正しくない過剰一般化なのである。

非論理的な推論

「AならばX」を「XならばA」に過剰一般化することとは、人間には日常的に頻繁に見られることである。以下は、私たちがとくに「推論」だという感覚も持たずに行っている推論である。

太郎は、仕事が早く終わったら、飲み会に参加すると言った。太郎は飲み会に来た。よって太郎は仕事が早く終わったに違いない。

外を見たら道路が濡れていた。気づかないうちに雨が降ったに違いない。

右の二つの例は「間違い」だとは思わないだろう。しかし、これは論理学では「後件肯定の誤謬《ごびゅう》」と呼ばれる「論理の誤り」なのである。太郎が飲み会に来なかったのは、仕事が終わらなかったためとは限らず、他の急用ができたためかもしれないし、疲れたので家で休みたくなったためかもしれない。地面が濡れていたのも、可能性は薄いが放水車が水を撒《ま》いたのかもしれない。

後件肯定が誤謬であることは、次の例を見るとわかりやすい。

英雄は色を好む。Xは色を好む。だから、Xは英雄である。

英雄色を好むというのは有名な格言である。しかしXが色を好むからといって、Xが英雄とは限らない。英雄でない色ごのみの人物がたくさんいることを私たちは知っている。

そして、これとまったく同じ論理形式のこのような例はどうだろう。

新型コロナに罹患すると、喉が痛くなり、発熱することが多い。今、私は喉が痛くて熱がある。だから私は新型コロナにかかっている。

喉が痛くなる病気は新型コロナだけではない。インフルエンザかもしれないし、他の病気で同じ症状が出ることも十分ありうる。しかし多くの人は、新型コロナが流行しているときにこのような症状が出たら、当然のように自分もコロナ感染をしたのではないかと疑うだろう。

そもそも病気の診断は、たいていの場合、症状からその原因（病名）を遡及的に推論するアブダクション推論である。もちろん現代医学では病名を確定するためにさまざまなテストを行う。しかし、第6章で述べたように、医師が最初に病気について症状から予測ができなければ、何のテストを行うかを決めることができないのである。

人間の子どもは、幼少時からこのような論理を逆転させた思考を行う。それを垣間見ることができるエピソードを、再び「ゆる言語学ラジオ」のデータベースから紹介しよう。

ラジオネーム：バタフライエフェクトさん（2歳7か月）

天気予報が雨の日は「今日は雨だから長靴履こうね」と言って、長靴を履かせていました。ある長靴を履いて出かけた日、予報通り雨が降ってきたとき、「今日は〇〇（自分の名前）が長靴を履いたから雨が降ったの？」と聞かれました。雨が降るから長靴を履いたのに、論理が逆転して長靴を履いたから雨が降ったと勘違いしたようです。

原因と結果をひっくり返す。大人でもよくあることである。たとえば、いつも店の前に長い行列がある店があると、（「おいしいから混んでいる」ではなく）「混んでいるから、おいしい」と考え、つられて自分も列に並んでしまう。これと関係するのが、必要条件と十分条件をひっくり返すバイアスだ。筆者たちは大学生を教えているが、「8割の出席が単位取得の必要条件」と伝えると、多くの学生は「8割出席すれば単位がもらえる」と思うのである。

動物はしない対称性推論

先ほど、チンパンジーのアイは、色と記号（絵文字）の対応づけについて、色↓記号の方向で訓練し、記号→色のテストをしたとき、まったくランダムな反応になってしまうという研究を紹介した。前項で見たように、前提と結論をひっくり返してしまう推論——これを心理学では対称性推論という——は、アブダクション推論と深い関係がある、非論理的な推論である。だとしたら、動物はアブダクション推論をするのか、という疑問が湧く。

デイヴィッド・プレマックというアメリカの心理学者は、動物がアブダクション推論をするか、とくに、動物が結果から原因について推測すると考える根拠はないと結論づけている。彼は次のように述べている。「動物は、自分自身の行為が原因にならないような現象（たとえば、風で樹が折れる現象）が因果的事象であることを学習するのだろうか。おそらく動物でも、大きな岩は小さな岩よりも樹の枝を折りやすいということはわかるだろう。しかし、大きな岩が折れた枝のそばにあるのを見たときに、その岩が枝を折ったと推測できるだろうか？　それを示す証拠はこれまでに報告されていない」。

このことに関連して、ベルベットモンキーは、天敵である蛇が砂地の上に跡を残して這《は》うのを見ることがあっても、蛇の這った跡から蛇の存在を予測できない、という興味深い報告がある。このサルたちは、蛇がいない状態で跡を見ても不安を示したりはしない。すなわち、砂の跡は蛇が近くにいることを意味する、と予測するような学習は起こらないのだ。

それに対して、ヒトは自分に直接関わりのない自然現象などについて、因果関係を認識する（というより、その必要がなくても原因を推測してしまう）。動物が対称性推論をするかどうかの問題は、ヒト以外の動物が因果推論に代表される非論理的で経験則に基づく推論をできるかという問題につながるので、世界中の多くの研究者たちが関心を持ち、長年取り組んできた。対象となった動物もチンパンジーやサル、ネズミ、アシカ、ハト、（鳥類でもっとも賢いとされる）カラス、カケスなど多様である。

ある研究者が2009年に「25年間の対称性研究」という論文で、1980年代から4半世紀にわたる動物種の対称性研究を総括するレビューを発表した。基本的にどの種のどのような手法を用いた研究でも、動物が対称性推論をすることは確認されていない。ただ、例外はアシカを対象にした研究で、アシカに対称性推論が見られるという報告がなされている。ただ、この研究は実験方法に問題があるとして結論を疑問視する批判も上がっていて、アシカが対称性推論をする可能性は立証されたというよりはグレーなままである。

先ほど紹介したように、我々と祖先を同じくするチンパンジーでは、集団としては対称性推論ができない（あるいはしない）という結論が下されている。しかし、その中で例外を示す個体の存在も報告されている。この個体は、先ほど紹介した京都大学霊長類研究所の天才チンパンジー「アイ」といっしょに飼育されているメスで、「クロエ」と名づけられている。クロエは研究グループが行った対称性推論のテストで、他の個体と異なり、学習した対象と記号の対応づけを逆方向に一般化して、対称性推論をして見せた。クロエはこれから紹介する筆者（今井）の研究チームが行ったヒト幼児とチンパンジーの比較研究にも参加しており、参加したチンパンジーの7個体の中でやはり唯一対称性推論を行ったのだ。このことは、後ほどもう一度取り上げたい。

対称性推論のミッシングリンク

すでに述べたように、言語の学習には、記号と対象の間の双方的な関係性を理解し、どちらかの方向（たとえば記号A→対象X）の結びつきを学んだら、その結びつきを逆方向（対象X→記号A）に一般化できると想定する必要がある。ヒトの子どもがことばを覚えるという事実は、その時点で対称性推論を行っていることを示している。

対して、ヒト以外の動物種では、ほんの少数の（グレーな）例外を除いて対称性推論は行わない（あえて行わないのか、行えないのかはわからない）。これらの観察できる事実からアブダクション推論を行うと次のような仮説が得られる。そう、**対称性推論をごく自然にするバイアスがヒトにはあるが、動物にはそれがなく、このことが、生物的な種として言語を持つか持たないかを決定づけている**、という仮説である。これはもちろん、著者たちがはじめて考えついた仮説ではない。動物の思考を研究する研究者たち、とくに対称性推論を研究する研究者たちがずっと昔から指摘してきたことだ。

しかし、この言語進化の理論に食い込む仮説について、ミッシングリンクとも言える未解決の大きな問題があった。対称性推論をするバイアス（学習したことを逆方向の結びつきに過剰一般化するバイアス）が、ヒトの子どもでどのように生まれるのか、という問題である。二つの仮説を考えることが可能である。

仮説1　ヒト乳児は生まれながらに対称性推論をするバイアス（これからは「対称性バイアス」と呼ぶ）を持っている。この仮説は、生まれつき対称性バイアスを持っているからヒトは言語習得が可能だという仮説に連結している。

仮説2　ヒト乳児は言語の学習の経験を通して、ことばという記号と対象の間に双方向性の関係があることに気づく。つまり、対称性推論をするバイアスは言語学習の結果生まれる。

この問題は、動物心理学の研究者やヒトの思考を研究する研究者たちの間で話題にはなっていた。どちらかというと、仮説2が正しいと考える研究者たちが多かったが、どちらが正しいのかを決定づけるデータは存在しなかった。

仮説2はもっともな仮説であるように思われるが、一つ欠点がある。ことばの意味の学習の経験を通して、ことば（記号）と対象の間に双方向性の関係があることに気づくこと自体がアブダクション推論による洞察であり、その洞察がどのように生まれるのかという説明が必要になるのである。仮説1を支持する場合にも一つ重要な疑問が残る。我々の進化的祖先と我々の思考の仕方の違いはどのように生まれるのか、たとえばチンパンジーと我々人間の間には進化的な断絶があるのか、それとも対称性バイアスは進化の過程で徐々に連続的に生まれるのか、という問題である。

仮説1と仮説2のどちらが正しいかを結論づけるために必要なデータはどのようなものか。ことばの意味の学習を始める以前の乳児が、言語の学習以外の文脈で対称性バイアスを示すかを明らかにすべく、今井は共同研究者たちと実験を行った。

ヒト乳児の対称性推論

実験の対象にしたのは、生後8か月のヒト乳児33人と、成体のチンパンジー7個体である。生後8か月という月齢を選んだのは、生後10〜12か月くらいまでは、赤ちゃんは母語の音の分析をして、音の塊としての単語の切り出しを言語学習の中心としているので、意味を知っている単語は非常に少なく、また、意味の学習をするための手がかりもまだ学習していないと考えられるからである。この月齢の赤ちゃんが、学習したA→Xの結びつきをX→Aに一般化したとしたら、それはことばの意味の学習の経験から導き出した思考法ではないことになる。ことばの意味の学習を始める以前から、赤ちゃんが対称性バイアスを持っていたと考えることができる。

どのような実験をしたのか、簡単に紹介しよう。生後8か月のヒト乳児に、図7-1の2種類の動画を繰り返し見せた。動画では、二種類のおもちゃ（イヌとドラゴン）がまず提示され、その後、おもちゃが小さくなってボールに変身し、ボールが動きだすが、別々の動きが続く。イヌが変身したボールはジグザグに動き、ドラゴンが変身したボールは曲線的に動く[1]。つまり、赤ちゃんは二種類のモノ→動きの組み合わせを学習するわけである。

赤ちゃんが2種類の組み合わせのどちらも学習したことを確認したら、テストを始める。ちなみに、赤ちゃんがモノ→動きの対応づけを学習したかどうかは赤ちゃんの視線で計測する。赤ちゃんは、決まった組み合わせを学習すると、飽きてそれ以上動画を見ようとしなくなる。その性質を利用して、学習したかどうかの判断に使うのである。

テストでは、モノ→動きの順番を逆に行う。動画は動きから始まり、その後に、二つのおもちゃが見せられる。トライアルによって、訓練で学習したように、動きとモノが対応するパターンと、動きとモノが対応しないパターンを見せる。図の例でいうと、ジグザグの動き

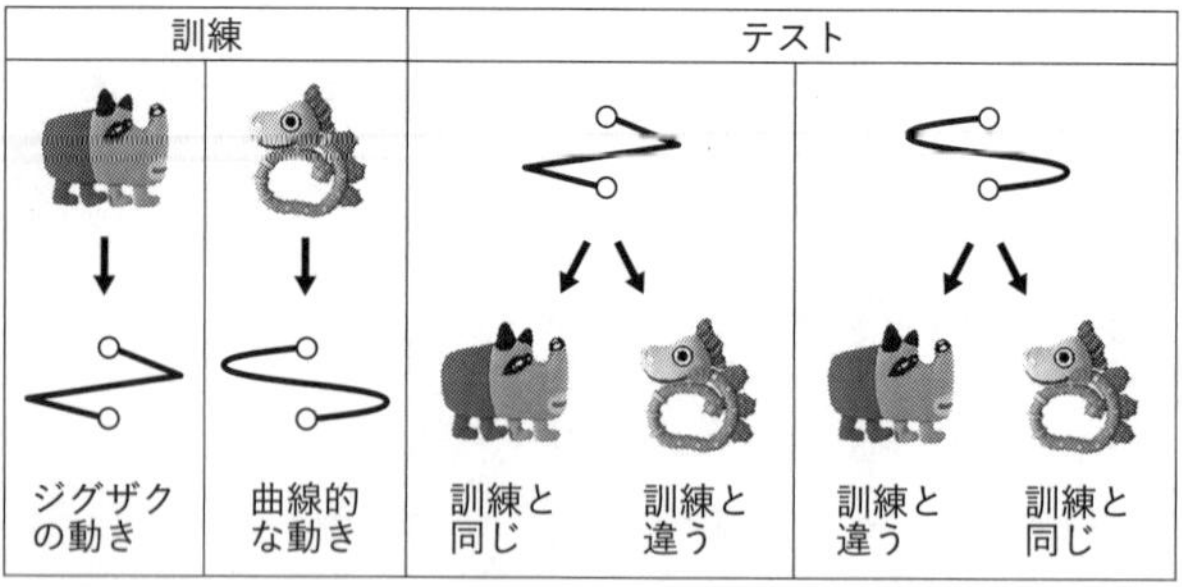

図7－1　ヒト乳児の対称性推論の実験

のあとにイヌが出てきたら訓練と一致、ドラゴンが出てきたら訓練と不一致の組み合わせになる。

赤ちゃんが、学習したモノ→動きの対応づけを逆方向に一般化したら、赤ちゃんは対称性推論をしたと見なす。対称性推論をしないのであれば、モノ→動きの対応づけは、動き→モノの対応づけには関係ないと見なされ、訓練のときと同じモノを見ようが、違うものを見ようが、赤ちゃんの反応は変わらないはずだ。

ここでも、赤ちゃんの推論の指標は視線である。赤ちゃんは予測と違う事象を見せられると、ビックリして、予測どおりのときに比べて事象を長く注視することがわかっている。この実験に参加した赤ちゃんが対称性推論をしているのであれば、テストのときに、訓練とは違う動きとモノが対応しない動画が始まっても、訓練で学習したように動きに対応したモノが現れることを期待するはずである。イヌ→ジグザク、ドラゴン→曲線のペアを学習した赤ちゃんが、ジグザクから始まる動画を見れば、イヌを見ることを予想するので、そこにドラゴンが現れたらビックリして長くその動画を注視するはずなのだ。

結果は、生後8か月の人間の赤ちゃん、つまり、単語の意味の学習を本格的に始めていない、意味がわかることばをほとんど持っていない赤ちゃんが、対称性推論をするということを示すものであった。赤ちゃんは、二つの要素（モノと動き）の連合を学習したとき、教えられた方向と逆から提示されても、モノと動きの連合が保持されると考え、学習した対応づけと違う組み合わせを見せられるとビックリしたのである。

1　実際の実験デザインでは、おもちゃと動きの組み合わせは赤ちゃんによって変えられ、特定の組み合わせによる効果が結果に影響しないよう配慮されている。

チンパンジーの反応

すでに述べたように、チンパンジーも他の動物種と同様、対称性推論はしないことがたくさんの実験からわかっていた。しかし今井たちは、ヒトの赤ちゃんと同じ刺激、同じ手法で、チンパンジーの対称性推論の有無を直接確かめたかったので、この実験を7頭のチンパンジーにも行った。

動物を対象にしてこれまで積み重ねられてきた実験は、訓練にオペラント条件づけという手法を使っていた。本章の冒頭に紹介した、色とそれに対応する記号（絵文字）を学習させる実験では、一つの色の積み木をチンパンジーに見せ、絵文字のチップの並びからどれかを選ばせる。最初はランダムに選ぶしかない。たまたま、正しい（実験者があらかじめ決めた）絵文字を選んだら、（リンゴのかけらとかジュースなどの）ご褒美をもらえる。何日も何十日もかけて、何回も何回もこの訓練を繰り返し、チンパンジーはこの色のときにこの絵文字を選択したらご褒美をもらえる、と学習するわけである。

オペラント条件づけの手法を用いた動物の対称性推論の実験では、一つ問題があった。動物は、刺激Aに対してXを選んだらご褒美という系列をつねに経験する。しかし、対称性の場合には、XとAの順は逆になるが、その試行がご褒美から始まることはない。それが動物を混乱させているのではないかという可能性も懸念された。そこで我々は、トライアルごとにご褒美を与えることをせず、チンパンジーたちに、人間の赤ちゃんに見せたのと同じ動画を見せるだけという方法を使ってみた。

以前の研究と同じように、チンパンジーは対称性推論ができない（あるいはあえてしない）なら、テストで、動きから始まった動画を見たら、訓練のおもちゃがその動きに対応づけられたものでも、対応づけられていなくても、関係ないと思うはずだ。つまり、二つのおもちゃを見る時間に差がないことが予想される。このとき大事なことがある。チンパンジーが、訓練ではモノ↓動きの対応づけをきちんと学習できたことを確認しておかなければならない。そうでないと、テストで、訓練と一致したペアと一致しないペアを見る長さが変わらないというときに、それは対称性推論をしないからなのか、もともと対応づけを学べなかったからなのかがわからない。

そこで、あらかじめ7頭のチンパンジーたちには、訓練された対応づけが学習できることをテストしておいた（順方向テスト）。このテストでは、訓練したあとで、訓練どおりの組み合わせと、訓練とは違う組み合わせを見せて、チンパンジーがそれらを見る時間が違うかどうかを確かめた。その結果、チンパンジーは、訓練の組み合わせを順方向ではきちんと学習したことが確認された。その上で、順方向の訓練とテストが影響しないよう、何か月か時間を空けて対称性推論の訓練とテストを行った。

結果は、「アイ」の報告を含むこれまでの研究と同じだった。つまり、チンパンジーたちは、集団としては、訓練のときと逆方向の動き↓モノの順に見せられた動画では、訓練のときの組み合わせと同じペアでも違うペアでも、まったく動画を見る時間が変わらなかったのである。

「クロエ」とアブダクション推論の萌芽

この実験では、ヒトの乳児は、ことばの意味を覚える以前から、学習したことを逆の方向に（つまり論理的には過剰に）一般化するバイアスを持っているのに対し、チンパンジーは、対称性推論を行わないという結果を示した。この結果は、人間が言語を持ち、人間以外の動物種が言語を持たないのは、言語というものを習得し、運用するために必要な認知バイアスおよび認知能力の違いなのかもしれないという可能性（235頁の仮説1）を支持する。

しかしそうすると、対称性推論をヒトという種が突然するようになったのは、突然変異のようにして起こったのか、それとも進化的に徐々に連続的に生まれたものなのかという疑問が残る。

この疑問について、答えの方向性を示すヒントがこの実験から得られた。実は、実験に参加したチンパンジー7頭について、モノ→動きの対応づけを学習できたかどうかを個体別に見てみた。最初に行った順方向での確認テストでは、すべてのチンパンジーたちは学習した組み合わせのほうを長く見た。つまり、学習したペアのほうを好んで見たのである。しかし、対称性推論を必要とする、逆方向のテストでは、新奇なペアと学習済みのペアを見た時間に変わりがなかった。その中で、クロエという個体だけが、すでに学習した組み合わせのほうを長く見たのである。

興味深いことに、何年も前に行われた、別の刺激と手法を用いた以前の実験でも、クロエだけ対称性推論を行っていることを示唆する結果が報告されている。さらに、クロエは対称性ではなく、相互排他性推論をチンパンジーとしては特異的にすることも報告されている。相互排他性推論とは、人間の子どももことばの意味を学習するときによくする推論で、名前を知っている対象と名前を知らない対象を目の前にして、知らない名前を聞いたら、その新奇な名前は名前を知らない対象の名前だと思うという推論である。

たとえば、「コップ」ということばを知っていて、「ハニーディッパー」ということばは知らない子どもでも、コップとハニーディッパーが目の前にある状況で「ハニーディッパーを取って」と言われたら、躊躇せずハニーディッパーを手渡す。2歳以下の子どもでも、未知の名前は自分が名前を知らないほうのモノの名前だと思うのだ。これを相互排他性バイアスという。相互排他性推論も、論理的には正しくない、アブダクション推論の一種である。他のチンパンジーはこの課題にランダム反応を示したが、クロエだけはヒト幼児と同じ反応を示した。

クロエだけで結論づけることはできないが、クロエが過去の実験でのふるまいと、今井たちの対称性のヒト・チンパンジーの比較実験とで、一貫して対称性をはじめとした非論理の推論を見せたことを考えると、チンパンジーの中にも、ごく少数であるが対称性推論ができる（あるいはしようとする）個体が存在しているのかもしれない。だとすれば、人間特有のアブダクション推論の萌芽は、私たちの祖先にすでに存在しており、進化の過程で徐々に形成されていったものであるという可能性が浮かび上がってくるのである。

人類の進化

いずれにせよ、対称性推論による（論理的には正しくない）逆方向への一般化は、言語を学び、習得するためには不可欠のものであるし、我々人間の日常の思考においても、科学の中で現象からその原因を遡及的に推論する因果推論においても必要なものである。

帰納推論・アブダクション推論という誤りを犯すリスクのある非論理的推論が持つ利点をあらためて考えてみよう。先述のように、これらの推論は、既存の限られた情報から新しい知識を生み出すことができる。しかも、より少ない法則や手順で多くの問題を解くという節約の原理にかなっており、不確かな状況、能力的な制約の下で、限られた情報でも、完全でないにしろそれなりに妥当な問題解決や予測を可能にしている。

また、事例をまとめるルールを作ることで、外界の情報を整理・圧縮することが可能になり、情報処理上の負荷を減らすことができる。現象からその原因を遡及的に推理し、原因を知ることで、新しい事態にも備えることができるのだ。

ヒトは、居住地を全世界に広げ、非常に多様な場所に生息してきた。他方、そのために多くの種類の対象、他民族や自然などの不確実な対象、直接観察・経験不可能な対象について推測・予測する必要があった。未知の脅威には、新しい知識で立ち向かう必要があった。この必要性を考えれば、たとえ間違いを含む可能性があってもそれなりにうまく働くルールを新たに作ること、すなわちアブダクション推論を続けることは、生存に欠かせないものであった。アブダクション推論によって、人間は言語というコミュニケーションと思考の道具を得ることができ、科学、芸術などさまざまな文明を進化させてきたと言えるかもしれない。

他方、生息地が限定的なチンパンジーなどでは、生活の中で遭遇する対象の多様性・不確実性がヒトほど高くない。そのような環境の下では直接観察できる目の前の対象を精度よく処理するほうが生存には有利なので、「間違うかもしれないけど、そこそこうまくいく」思考はそれほど必要なかったのかもしれない。その場合、誤りのリスクを冒してアブダクション推論をするより、誤りを犯すリスクが少ない演繹推論のほうが、生存に有利だったのかもしれない。

まとめ

人間はあることを知ると、その知識を過剰に一般化する。ことばを覚えると、ごく自然に換喩・隠喩を駆使して、意味を拡張する。ある現象を観察すると、そこからパターンを抽出し、未来を予測する。それだけではなく、すでに起こったことに遡及し、因果の説明を求める。これらはみなアブダクション推論である。人間にとってアブダクション推論はもっとも自然な思考なのであり、生存に欠かせない武器である。

他方、ヒト以外の動物種はアブダクション推論をほとんどしない。その萌芽がないわけではない。しかし萌芽があっても、ヒトという種に至るまで、私たちが現在操るような抽象的で複雑な記号の体系は生まれなかった。それはなぜだろうか？

人類だけがなぜ言語を持つのか。この深く壮大な問いに対して、人類はそれ以前の種に比べて脳のボリュームが格段に増え、とくに思考を司《つかさど》る前頭葉が発達したからという説明や、二足歩行を始めたために重い脳を支えて自由に移動できるようになったから、あるいは人間という種特有の集団内の社会性や、そこから派生する社会の形態の観点、生物学的な観点など、多くの説が提案されている。

数多《あまた》の言語起源論の中で、本書では、人間独特の思考の様式に注目した。アブダクション推論という思考である。人間は、アブダクションという、非論理的で誤りを犯すリスクがある推論をことばの意味の学習を始めるずっと以前からしている。それによって人間は子どもの頃から、そして成人になっても論理的な過ちを犯すことをし続ける。しかし、この推論こそが言語の習得を可能にし、科学の発展を可能にしたのである。

第6章で、言語習得における記号接地問題を解決する鍵となるのはブートストラッピング・サイクルによる学習であると述べたが、言語の発達と思考の発達もまた、互いにブートストラップしあう関係にある。身体と直接つながりを持たない抽象的な概念は、乳児が生まれつき持っているものではないし、天から降ってくるものでもない。極度に抽象的な概念、たとえば数の概念や数学の概念は、一見「言語の領域の外」の概念だと思う人が多いかもしれない。しかし、数学も言語も、知覚的に同一ではない、あるいは知覚的観察のみからは同一であることに絶対に思い至ることができない対象を「同じ」として扱うという意味で、共通なのである。

乳児は音と対象の形などの、異なる感覚の間に類似性（アイコン性）があると感じることができる。二つのモノ同士の間の視覚的類似性を検出することもできる。そこから、統計推論と帰納・アブダクションの推論をエンジンとして用いて、ブートストラッピング・サイクルによって、感覚・知覚レベルに留まる類似性ではなく、背後にある関係の類似性を見抜き、抽象的な概念を習得したり、目では観察できない因果関係を理解したりできるようになっていく。ここで大事な役割を果たすのがことばだ。

観察しただけでわかる類似性から始めはするが、ことばに導かれて、観察不可能な関係の類似性に気づくようになる。さらに、動詞のように抽象的な関係性を示すことばによって世界を分類し、整理することができるようになる。ことばが子どもを知覚的で具体的な類似性から、関係性による抽象的な類似性にブートストラップするのである。

ことばの知識は言語の領域にとどまらず、言語の外部と一般的には考えられている数や数学の領域での思考も変えていく。言語と思考は、右足と左足のように片方が一歩進めばもう片方が必然的に歩みを進めるような関係で、互いにブートストラッピングを繰り返す。

対称性推論をしようとするバイアスがあるかないか。このような、ほんの小さな思考バイアスの違いが、ヒトという種とそのほかの動物種の間の、言語を持つか持たないかの違いを生み出す。そして言語によって、人間がもともと持っているアブダクション推論が、目では観察できない抽象的な類似性・関係性を発見し、知識創造を続けていくというループの端緒になるのだと筆者たちは考えている。

終章　言語の本質

オノマトペを問うことから始まり、言語の習得と起源・進化の道のりを探究してきた私たちの旅も、いよいよ終着点である。本章では、全体の流れをおさらいしながら、言語の本質とは何かを考えてみよう。

本書での探究を振りかえる

オノマトペ。「くるくる」とか「ぐるぐる」とか、「もふもふ」とか。聞いて楽しく、使って楽しい。絵本作家の五味太郎《ごみたろう》による『日本語擬態語辞典』という楽しい本がある。この本の中で五味は、「擬態語は、歌舞伎や茶道、てんぷらよりも、日本が世界に誇るべき文化」とまで書いている。筆者の今井と秋田も、オノマトペに夢中になり、研究してきた。今井は発達心理学の視点から、秋田は言語学の視点から。オノマトペのことを考えていると、知りたいことがムクムクと湧き上がってくる。

普通のことば（たとえば「ウサギ」）は音から意味を推測することができないのに、なぜオノマトペは音から意味がわかってしまうのだろう？　どういう音とどういう意味が「似ている」感じを創り出すのだろう？　どのような脳の仕組みで、音と意味の間で「似ている」ことを感じるのだろう？　オノマトペは一般語と脳での処理のされ方が違うのだろうか？　音と意味のつながりはいつからわかるようになるのだろう？　オノマトペをたくさん聞くことで、音と意味のつながりの感覚が学習・調整されるのだろうか？　それとも、その感覚は生まれつき決まっているのだろうか？　オノマトペは文化や言語の違いを超えて普遍的なのだろうか？

このようなことを考えていたら、さらに疑問が湧いた。そもそもオノマトペはジェスチャーと普通のことばとどちらに近いのだろう？　オノマトペはちゃんとした言語ではないと言う言語学者も多いけれど、本当にそうなのだろうか？

今井は幼児のことばの調査のために保育園に頻繁に通う。そこはオノマトペワールドだ。子どもも保育士さんもオノマトペをすごくたくさん使っている。しかも使い方が絶妙なのだ。オノマトペには何か秘密があるに違いない。子どものことばや概念の学習にとって絶対何かよいことがあるに違いない、と直感的に思った。心理学者としては、その秘密を実験によって科学的に明らかにしなければならないと考えた。

言語の発達にオノマトペは果たして役に立つのか。この疑問に対してさまざまな実験を重ねていくと、さらに、言語の始まりはどうだったのだろう、という問いも生まれた。ヒトは社会的な生き物である。他者とのコミュニケーションはもっとも大事だ。コミュニケーションの媒体として言語は欠かせない。

しかし、そもそも言語はどのようなきっかけでコミュニケーションの手段になったのか。我々の祖先の最初の言語とはどういうものだったのだろうか？　言語がまったく通じない外国で現地の人とコミュニケーションを取らなければならないときには、身振り手振りを使って、モノや動作を表す。いわゆるパントマイムである。言語も、外界のモノや出来事をパントマイムで写し取るところから始まったのではないか、ただし、声という媒体で。

もちろん手を媒体にした手話も立派な言語である。しかし、ろう者のコミュニティを除いて、言語はおおむね声を媒体とする。手話と音声言語の共通する部分、違う部分はどこだろうか。

第5章でも紹介したように、最近、ニカラグア手話が研究者の注目を集めている。ろう者コミュニティで使われる「(言語といえる) 手話」を持たなかったニカラグアで、ろうの子どもを集めて学校教育を始めたところ、数世代にわたり、パントマイムのようなコミュニケーションから、音声言語と同じ特徴を持つ手話言語に成長したケースが見られた。ニカラグア手話の変化は一言でいえば、アナログからデジタルへの変化である。子どもたちが互いに意思疎通を始めた当初は、連続的な世界をそのままパントマイム的に写し取っていた。しかし、世代を経るにつれて、デジタルに世界を分節する「ことば」が使われるようになった。このような手話の進化の過程は、音声言語の進化の過程と共通するのではないか。

アナログからデジタルへの変化という視点で言語の進化を捉えると、オノマトペは興味深い。オノマトペは一般語よりも、音で対象を写し取る「アイコン性」を強く持っている。しかし、オノマトペがパントマイムやジェスチャーと同じかというと、そうではない。オノマトペは一般語と同じ、デジタル的な特徴を多く持っている。ニカラグアの手話の進化で見られたように、私たちの祖先も、発声でアナログ的に外界のモノや出来事を模写していたのが、徐々にオノマトペに変わり、オノマトペが語彙化され、体系化されて、現在の記号の体系としての言語に進化していったのではないかという仮説、いわば「オノマトペ言語起源説」を真剣に考えてみたいと思うようになった。

同時に、現代の言語はなぜオノマトペばかりではないのか、むしろオノマトペは少数派で、大半のことばには、音と意味の間に明らかなつながりが感じられないのはなぜか、という疑問も湧いた。ここで筆者たちが注目したのが、「記号接地問題」である。

記号接地問題は1990年前後に、記号をその定義とともにコンピュータに与え、操作をさせて問題を解決させるAIの記号処理アプローチへの批判として提起された。身体感覚や経験につなげられていない（接地していない）記号同士を操作して言語の本当の「意味」が学習できるのか、という問題がAIに投げかけられたのだ。しかし、これは人間の問題でもある。子どもはアナログ的な世界から始まり、どのようにデジタルで一つひとつが抽象的な意味を持つ記号の巨大な体系を、身体の一部のように自然に操作できるようになるのか？

この問題を解決するためには、人間の持つ、知識を自律的に拡張していく学習の力を考える必要があると考えた。人間の子どもには、ものすごい学習能力がある。知覚経験から知識を創造し、作った知識を使ってさらに知識を急速に成長させていく学習力が人の子どもにはある。これを筆者たちは「ブートストラッピング・サイクル」と名づけた。そこからさらに、ブートストラッピング・サイクルを駆動するのはどういう推論の力なのかという問いも生まれた。

筆者たちは、論理を正しく推論する能力ではなく、知識を想像力によって拡張したり、ある現象から遡及して原因を考えたり、一番もっともらしい説明を与えようとする人間の思考スタイルこそが、その駆動力なのではないかと考えた。このような推論はみな、アブダクションという推論様式に含まれる。「アブダクション推論」がアナログの世界をデジタルの記号につなげ、記号のシステムを作り、それを成長させ、洗練させていくと筆者たちは考えるのである。

AIとヒトの違い

２０２３年4月現在、ＡＩの進化には目を見張るものがある。チェス、将棋、囲碁はとっくに人間の名人でもなかなか勝てないレベルに達している。翻訳でも、ＡＩにもともと懐疑的な筆者たちでさえ、これは使わなければ損だと思うレベルに達している。しかし、現在のニューラルネット型ＡＩは記号接地をまったくしていないのだ。

人間は記号接地をせずに言語を、そして数学をはじめとした抽象概念を学ぶことができるのだろうか？　記号接地の仕組みを考えていたら、この疑問にも行き着いた。このような疑問を持った背景には、今井が小学生と中学生を対象に行った調査の結果が衝撃的だったことがある。$\frac{1}{2}$と$\frac{1}{3}$のどちらが大きな数かわかる5年生は、調査した約１５０人中で半分にも満たなかった。因数分解や平方根を学ばなければならない中学2年生でも非常に多くの生徒（半数くらい）が、$\frac{99}{100}$にもっとも近い整数が1であることがわからなかった。そもそも小学2、3年生は「１」の意味が接地できていない。人間は、抽象的な概念を簡単に接地できないのだ。

ちなみに数の概念のように、抽象的な関係性だけから成り立つ概念を表すオノマトペが存在しないことは、第5章で述べたとおりである。1や1/2が接地できないと、その先にいくら進んだ概念を教えられても記号から記号への漂流になってしまい、計算の手続きは覚えても腑《ふ》に落ちた理解に至ることができないだろう。記号接地をせずに、ことばや数字という記号それぞれの「意味」を本来的に理解しなくても、ビッグデータの中の記号を漂流し続けて「学習」できるAIとは対照的である。

そもそも言語は人間しか持たない。動物はなぜ言語を持たないのか。それも気になった。動物はアブダクション推論をするのだろうか？　それとも、しないから言語を持たないのだろうか？

オノマトペについて考えていたら、そこからどんどん新たな問いが生まれた。さまざまな寄り道をしながら、ルートを探しながら、探究の旅路を進んでいったら、いつの間にか「言語の本質とは何か」という問いに突き当たり、この問いを避けては先に進めなくなった。もちろん、本書で展開した筆者たちの考えは、絶対的に正しいものであると主張するつもりはない。言語の起源、進化、習得、そして言語の本質とは何かについて、できる限り全体像を見失わないように俯瞰的に考えていきたいと思いながら本書を執筆した。

本書で展開した論考は、筆者たちなりの仮説でしかない。ただし、根拠がない妄想でもない。本書の執筆を始めるずっと前から、筆者たちは、言語学、心理学、神経科学などの分野をまたがる多くの文献と言語データを採取し、吟味し、分析してきた。赤ちゃんや大人を対象に、心理学や脳科学の手法を用いてたくさんの実験も行い、データを積み重ねていった。さまざまな手法を駆使した実験から得られたさまざまな顔を持つデータを集積し、もっとも蓋然性の高い結論を科学的に導いたつもりである。本書で筆者たちが進めてきた思考の道筋そのものが、アブダクション推論である。

アブダクション推論は、誤った結論に至る可能性がある。しかし、誤りを修正することで、物事の理解は深められる。科学においても、仮説を立て、実験をし、実験の結果が仮説と異なっていたら仮説を修正することによって、人類の科学的知識は発展してきた。アブダクション推論は新たな知を生み出す推論である。知の創造に失敗と誤りはつきものである。その意味で、筆者たちの探究は、これからも続く。山登りの頂上がゴールではない。本書で展開した論考を拡張し、精緻にし、誤りを修正しながら、言語という宇宙の旅をこれからも続けていく。

オノマトペからスタートした筆者たちの探究の旅に読者が伴走してくれたら、本当にうれしい。そして読者がそこから言語について思索を深めてくれたら、こんなにうれしいことはない。

今井・秋田版「言語の大原則」

第3章でホケットの「言語の大原則」について述べた。ホケットの向こうを張って、筆者たちの考える「言語の大原則」を述べて、本書を締めくくりたい。

言語の本質的特徴

①意味を伝えること
・言語は意味を表現する
・言語の形式は意味に、意味は形式に結びついていて、両者は双方向の関係にある
・言語はイマ・ココを超越した情報伝達を可能にする
・言語は意図を持って発話され、発話は受け取り手によって解釈される
・意味は推論によって作り出され、推論によって解釈される
・よって話し手の発話意図と聞き手の解釈が一致するとは限らない

②変化すること

・慣習を守る力と、新たな形式と意味を創造して慣習から逸脱しようとする力の間の戦いである
・典型的な形式・意味からの一般化としては完全に理屈に合っていても、慣習に従わなければ「誤り」あるいは「不自然」と見なされる
・ただし、言語コミュニティの大半が新たな形式や意味、使い方を好めば、それが既存の形式、意味、使い方を凌駕《りょうが》する
・変化は不可避である

③選択的であること
・言語は情報を選択して、デジタル的に記号化する
・記号化のための選択はコミュニティの文化に依存する。つまり、言語の意味は文化に依存する
・文化は多様であるので、言語は必然的に多様となり、恣意性が強くなっていく

④システムであること
・言語の要素（単語や接辞など）は、単独では意味を持たない

・言語は要素が対比され、差異化されることで意味を持つシステムである
・単語の意味の範囲は、システムの中の当該の概念分野における他の単語群との関係性によって決まる。つまり、単語の意味は当該概念分野がどのように切り分けられ、構造化されていて、その単語がその中でどの位置を占めるかによって決まる。とくに、意味が隣接する単語との差異によってその単語の意味が決まる
・したがって、「アカ」や「アルク」のようにもっとも知覚的で具体的な概念を指し示す単語でさえ、その意味は抽象的である

⑤拡張的であること
・言語は生産的である。塊から要素を取り出し、要素を自在に組み合わせることで拡張する
・語句の意味は換喩・隠喩によって広がる
・システムの中で意味の隙間があれば、新しい単語が作られる
・言語は知識を拡張し、観察を超えた因果メカニズムの説明を可能にする
・言語は自己生成的に成長・拡張し、進化していく

⑥身体的であること

・言語は複数の感覚モダリティにおいて身体に接地している
・その意味で言語はマルチモーダルな存在である
・言語はつねにその使い手である人間の情報処理の制約に沿い、情報処理がしやすいように自らの形を整える
・言語はマルチモーダルに身体に接地したあと、推論によって拡張され、体系化される
・その過程によってヒトはことばに身体とのつながりを感じ、自然だと感じる。本来的に似ていないもの同士にも類似性を感じるようになり、もともとの知覚的類似性と区別がつかなくなる（二次的類似性の創発とアイコン性の輪）
・文化に根差した二次的類似性は、言語の多様性と恣意性を生む。しかし、それらは身体的なつながりに発し、そこから拡張されて実現されている。このことにより、言語は、人間が情報処理できないような拡張の仕方はしない。また、言語習得可能性も担保されている

⑦均衡の上に立っていること
・言語は身体的であるが、同時に恣意的であり、抽象的である
・慣習に制約されながらつねに変化する（慣習を守ろうとする力と新たに創造しようとする力の均衡）

・多様でありながら、同時に普遍的側面を包含する
・言語は、特定の言語コミュニティにおいて、共時的↕通時的、慣習の保守↕習慣からの逸脱、アイコン性↕恣意性、多様性↕普遍性、身体性↕抽象性など、複数の次元における二つの相反する方向に向かうベクトルの均衡点に立つ

あとがき

オノマトペについて徒然《つれづれ》に考えていたら、さまざまな問いが生まれた。オノマトペはなぜ音から意味がわかるのか、オノマトペは世界をどのように写し取っているのか、子どもはどうしてオノマトペが好きなのか。このような素朴な疑問を考えていたら、オノマトペは意味を音で表しているのだから異なる言語の間で共通のはずなのに、なぜ、外国語のオノマトペの意味はよくわからないのかと考えるようになった。

そこからさらに、言語は身体に結びついているはずなのになぜこんなに多様なのか、という問いにも発展した。最終的にはなぜヒトだけが言語を持つのか、という言語進化の問題に広がっていき、さらに言語の本質とは何か、人間の思考の本質とは何かという問いを考える長い旅になっていった。本書をここまでお読みくださり、私たちの探究の旅におつきあいくださった読者のみなさんにお礼を申し上げたい。

「今井さんの研究は記号接地問題だね」。私に「記号接地問題」ということばを教えてくれたのは、慶應義塾大学環境情報学部教授の故古川康一先生だった。古川先生は人工知能（AI）黎明期に国家プロジェクトとして第5世代コンピュータ研究で中心的役割を果たされ、プロジェクト終了後に、誕生したばかりの慶應義塾大学SFC（湘南藤沢キャンパス）に教授として赴任された。当時、私はアメリカで博士号を取得して環境情報学部に助手として就職したばかりで、キャンパスはもとより、自分の研究分野においても日本では知り合いが少なく、アメリカで学んできた認知心理学の研究を、どのように日本で展開していったらよいのかを悩んでいたところだった。人工知能の分野で世界的に著名な古川先生が、研究室がすぐ近くだということで気軽に話しかけてくださり、私の研究の話を熱心に聞いてくださった。「記号接地問題」は人工知能の分野では、大きな問題として当時も知られていたが、認知心理学や発達心理学ではそれほど一般的に知られた概念ではなかった。自分の言語発達の研究を、国際的に著名な先生が「記号接地問題」だと教えてくださったときから、本書の旅が始まった。

私は人工知能の開発に携わったことはなく、それどころか、プログラムも書いたことがない。しかし、SFCには古川先生をはじめ、石崎俊先生、向井国昭先生など、当時人工知能研究を牽引されていた先生方がおり、まさに「門前の小僧習わぬ経を読む」で「記号接地問題」や「フレーム問題」をはじめとした人工知能の難問についての先生方の議論を聞きながら、人間が知識を身体に接地させるとはどういうことなのかを考えるようになった。それが、学びと教育についての独自の視点になっていった。

古川先生は、慶應義塾を定年退職された後も、嘉悦大学で教授を務めながら、研究の第一線を走られていたが、2017年に急逝された。「言語発達」という専門分野の枠を超えて、人間が知識を身体化するとはどういうことか、という大きな問題を考え、ライフワークとして取り組んでいくきっかけを私にくださった古川先生に、遅まきながら心からのお礼とともに本書を捧げたい。

オノマトペ、記号接地問題をキーワードにして、最終的には言語の本質とは何かという大問題に結論を出すという、無謀とも思える旅につきあって本書をともに執筆してくださった名古屋大学准教授の秋田喜美氏にも心よりのお礼を申し上げたい。このテーマで本をまとめたいと長年考えていたが、どのように切り込んでいったらよいのかずっと迷っていた。秋田氏と議論を重ねるうちに、ようやく道筋が見え、本書をまとめることができた。

本書では、筆者たちの探究の過程をしばしば山登りや旅に喩《たと》えてきた。しかし、社会・人文科学の研究というのは、ジグソーパズルを完成させるようなものかもしれないと思う。私にとって研究というのは、真っ白なキャンバスにむかって絵画を完成させていくイメージよりは、世界に無数に存在する先達の知見やデータをピースとして、それぞれのピースの間の整合性をとりながら組み合わせ、ぴったりと嵌《はま》るべき場所に嵌めて、全体像を作り上げていくイメージが近い。ただし、販売されているジグソーパズルは最初から完成時の絵が決まっていてピースも提供されているが、研究には、完成形というのはないし、一つひとつのピースは、研究者が多分に主観的に集めていくものである。

本書では、秋田氏と私が選んだピースを組み合わせ、収まるべき場所に収めて「言語の本質」というタイトルのジグソー絵を完成させた。しかし、絵画の評価軸が一様でないように、研究も——とくに社会・人文科学では——ひとつの真実、ひとつの正解にたどり着くことを目指しているわけではない。本書で述べた著者たちの見解に反対される方々もおられるかもしれない。ご批判は歓迎するが、その際は、枝葉末節の事実についてではなく、言語という人類の宝物を科学的なエビデンスに鑑みて大局的にどのように考えていくことがもっとも妥当なのかという観点から議論をさせていただければありがたい。

本書のジグソー絵で核となるピースたちは、自分が長年行ってきた実験研究からのエビデンスである。これまでの数多《あまた》の実験をいっしょに行ってくれた共同研究者の方たちに深く感謝したい。とくに、イギリスのウォーリック大学教授の喜多壮太郎さんとは、音象徴が言語習得に果たす役割について、またそれらを実験で検討するために、たくさんの深い議論をさせてもらった。岩波書店で刊行した「コミュニケーションの認知科学」シリーズ第一巻『言語と身体性』で展開された内容にも大きな教えを受けた。言語と身体の関係について、また、記号接地問題についてさまざまなご示唆をくださった著者の方々と編集委員の先生方にも感謝を申し上げたい。とくに元慶應義塾長の安西祐一郎先生には記号接地問題や推論についてご教示いただき、私が推論の問題を言語習得と言語進化の要であると考えるきっかけをいただいた。

YouTube番組「ゆる言語学ラジオ」では、JAPAN AKACHAN'S MISTAKE AWARDSという企画でリスナーの方々から子どもの可愛い間違いを募り、たくさんのすばらしい「言い間違い作品」が集積されている。集まった子どもの言い間違いエピソードは、人間の知性の特徴であるアブダクション推論を垣間見させてくれる力作ばかりであり、筆者たちが本書のジグソー作品を創作していく上で、貴重なピースを提供してくれた。また、ＡＩに席巻されているように見える現代社会において、ＡＩとうまくつきあいながら人間がどのように学ぶべきなのかという問題に、このデータベースは多くの示唆を与えてくれる。そのデータベースの一部を本書で紹介することを許可してくださったチャンネル主催者の水野太貴さんと堀元見さん、そしてすばらしいデータを共有してくださった番組リスナーの方々に、心よりお礼を申し上げたい。

最後になるが、歩みののろい著者たちを励まし、辛抱強くおつきあいくださり、丁寧に編集してくださった中公新書編集部の胡逸高氏と、ユニークなイラストで本書を彩り、テキストで説明が難しい部分を的確に補ってくれたスタジオびりやにのおふたりにもお礼を申し上げたい。

今井むつみ

オノマトペだって言語理論の対象になるはず。そんな思いでオノマトペを研究し始めたのは修士課程の頃だった。抽象的な記号や概念図を用いて言語理論を研ぎ澄ませていく作業は面白いし、ロマンもある。しかし不意に、その作業自体が目的になってしまっていると、虚しさのようなものを感じることがあった。

今井むつみ氏との交流が始まったのは、それから数年後のこと。この交流により、自分だけでは「オノマトペ論」に終わってしまう研究が、「言語とは何か」「人間の思考とはどのような性質を持つのか」「人間とは何者なのか」といった人間の本質に迫る問題へとつながっていった。その結果、言語学者だけでは思いつかない、追究に値するストーリーが生まれるに至った。それが本書である。

「言語の本質」は、多くの偉人によってさまざまな視点から語られてきた大テーマであり、もしかしたら言語学者人生の終わりにようやく広げることが許される大風呂敷なのかもしれない。しかし、この大風呂敷にこそ、言語学者が言語を研究する本来の目的があるのだろう。オノマトペ論を見つめ直す機会をくださった今井氏に、そして、ともにオノマトペ論を築き上げてきた世界中のオノマトペ研究者たちに、心より感謝したい。

秋田喜美

Microstructure of Cognition: Psychological and Biological Models (pp. 216–271). Cambridge, MA: MIT Press.

Saji, N., Imai, M., Saalbach, H., Zhang, Y., Shu, H., & Okada, H. (2011). Word learning does not end at fast-mapping: Evolution of verb meanings through reorganization of an entire semantic domain. *Cognition, 118*(1), 45–61.

Thagard, P. (2007). Abductive inference: From philosophical analysis to neural mechanisms. In A. Feeney, & E. Heit (Eds.). *Inductive Reasoning: Experimental, Developmental, and Computational Approaches* (pp. 226–247). New York: Cambridge University Press.

米盛裕二.（2007）.『アブダクション――仮説と発見の論理』勁草書房.

第7章

Asano, T., Kojima, T., Matsuzawa, T., Kubota, K., & Murofushi, K. (1982). Object and color naming in chimpanzees (*Pan troglodytes*). *Proceedings of the Japan Academy, Series B 58*(5), 118–122.

Cheney, D. L., & Seyfarth, R. M. (1990). *How Monkeys See the World: Inside the Mind of Another Species*. Chicago: University of Chicago Press.

今井むつみ・岡田浩之.（2008）.「「対称性」へのコメンタリー――言語の成立にとって，対称性はたまごかにわとりか」『認知科学』*15*(3), 470-481.

Imai, M., Murai, C., Miyazaki, M., Okada, H., & Tomonaga, M. (2021). The contingency symmetry bias (affirming the consequent fallacy) as a prerequisite for word learning: A comparative study of pre-linguistic human infants and chimpanzees. *Cognition, 214*, 104755.

Lionello-DeNolf, K. M. (2009). The search for symmetry: 25 years in review. *Learning & Behavior, 37*(2), 188–203.

Premack, D. (2007). Human and animal cognition: Continuity and discontinuity. *Proceedings of the National Academy of Sciences, 104*(35), 13861–13867.

Tomonaga, M. (1993). Tests for control by exclusion and negative stimulus relations of arbitrary matching to sample in a “symmetry-emergent” chimpanzee. *Journal of the Experimental Analysis of Behavior, 59*(1), 215-229.

Tomonaga, M., Matsuzawa, T., Fujita, K., & Yamamoto, J. (1991). Emergence of symmetry in a visual conditional discrimination by chimpanzees (Pan troglodytes). *Psychological Reports, 68*(1), 51-60.

終　章

五味太郎.（2004［1989］）.『日本語擬態語辞典』講談社.

Senghas, A. (2010). Reinventing the word. In B. C. Malt & P. Wolff (Eds.), *Words and the Mind: How Words Capture Human Experience* (pp. 16–28). Oxford: Oxford University Press.

竹田晃子. (2017). 「オノマトペにも方言があるの？」窪薗晴夫（編）『オノマトペの謎――ピカチュウからモフモフまで』(pp. 47–63). 岩波書店.

Talmy, L. (2000). *Toward a Cognitive Semantics, Volume 2: Typology and Process in Concept Structuring*. Cambridge, MA: MIT Press.

Thompson, A. L., Akita, K., & Do, Y. (2020). Iconicity ratings across the Japanese lexicon: A comparative study with English. *Linguistics Vanguard, 6*(1), 20190088.

山口仲美. (2012). 「奈良時代の擬音語・擬態語」『明治大学国際日本学研究』*4*(1), 151–170.

山口仲美. (2019). 『オノマトペの歴史〈2〉――ちんちん千鳥のなく声は・犬は「びよ」と鳴いていた』風間書房.

第6章

Baldwin, D. A., & Markman, E. M. (1989). Establishing word-object relations: A first step. *Child Development, 60*(2), 381–398.

ブルックス, ロドニー・アレン. (2006). 『ブルックスの知能ロボット論』五味隆志（訳）, オーム社.

ChatGPT. https://openai.com/blog/chatgpt/

Haryu, E., Imai, M., & Okada, H. (2011). Object similarity bootstraps young children to action-based verb extensions. *Child Development, 82*(2), 674–686.

今井むつみ. (2010). 『ことばと思考』岩波書店.

今井むつみ. (2013). 『ことばの発達の謎を解く』筑摩書房.

今井むつみ. (2020). 『英語独習法』岩波書店.

Imai, M., & Haryu, E. (2001). Learning proper nouns and common nouns without clues from syntax. *Child Development, 72*(3), 787–802.

今井むつみ・楠見孝・杉村伸一郎・中石ゆうこ・永田良太・西川一二・渡部倫子. (2022). 『算数文章題が解けない子どもたち――ことば・思考の力と学力不振』岩波書店.

LeCun, Y., Bengio, Y., & Hinton, G. (2015). Deep learning. *Nature, 521*(7553), 436–444.

Lenat, D. B., & Guha, R. V. (1990). *Building Large Knowledge-Based Systems: Representation and Inference in the Cyc Project*. Reading, MA: Addison-Wesley.

Rumelhart, D. E., & McClelland, J. L. (1986). On learning the past tenses of English verbs. In J. L. McClelland, D. E. Rumelhart, & PDP Research Group (Eds.), *Parallel Distributed Processing, Vol. 2: Explorations in the*

John Benjamins.
Gasser, M. (2004). The origins of arbitrariness in language. *Proceedings of the 26th Annual Cognitive Science Society Conference* (pp. 434–439). Hillsdale, NJ: Lawrence Erlbaum Associates.
Haiman, J. (2018). *Ideophones and the Evolution of Language*. Cambridge: Cambridge University Press.
Hamano, S. (1998). *The Sound-Symbolic System of Japanese*. Stanford: CSLI Publications.
浜野祥子.（2014).『日本語のオノマトペ——音象徴と構造』くろしお出版.
Harnad, S. (1990). The symbol grounding problem. *Physica D: Nonlinear Phenomena, 42*, 335–346.
Hinton, L., Nichols, J., & Ohala, J. J. (Eds.). (1994). *Sound Symbolism*. Cambridge: Cambridge University Press.
堀江薫・秋田喜美・北野浩章.（2021).『言語類型論』開拓社.
今井むつみ.（2014).「言語発達と身体への新たな視点」今井むつみ・佐治伸郎（編)『言語と身体性』(pp. 1–34). 岩波書店.
Imai , M. (2020). Exploitation of iconicity in Hard-of-Hearing and Hearing individuals. Talk presented at the British Cognitive Linguistic Society Preconference Workshop: Iconicity in language: Theoretical issues and future directions. University of Birmingham, UK (Online).
Kita, S. (2008). World-view of protolanguage speakers as inferred from semantics of sound symbolic words: A case of Japanese mimetics. In N. Masataka (Ed.), *The Origins of Language: Unraveling Evolutionary Forces* (pp. 25–38). Tokyo: Springer.
Masuda, T., Ishii, K., Miwa, K., Rashid, M., Lee, H., & Mahdi, R. (2017). One label or two?: Linguistic influences on the similarity judgment of objects between English and Japanese speakers. *Frontiers in Psychology, 8*, 1637.
Mudd, K., de Vos, C., & de Boer, B. (2022). Shared context facilitates lexical variation in sign language emergence. *Languages, 7*(1), 31.
日本国語大辞典第二版編集委員会（編).（2003).『日本国語大辞典』第二版. 小学館.
小野正弘（編).（2007).『日本語オノマトペ辞典——擬音語・擬態語4500』小学館.
Saalbach, H., & Imai, M. (2007). Scope of linguistic influence: Does a classifier system alter object concepts? *Journal of Experimental Psychology: General, 136*(3), 405–501.
Saalbach, H., & Imai, M. (2012). The relation between linguistic categories and cognition: The case of numeral classifiers. *Language and Cognitive Processes, 27*(3), 381–428.

今井むつみ・針生悦子.（2014）.『言葉をおぼえるしくみ——母語から外国語まで』筑摩書房.
Imai, M., & Kita, S. (2014). The sound symbolism bootstrapping hypothesis for language acquisition and language evolution. *Philosophical Transactions of the Royal Society B, 369*(1651), 20130298.
Imai, M., Kita, S., Nagumo, M., & Okada, H. (2008). Sound symbolism facilitates early verb learning. *Cognition, 109*(1), 54–65.
Imai, M., Miyazaki, M., Yeung, H. H., Hidaka, S., Kantartzis, K., Okada, H., & Kita, S. (2015). Sound symbolism facilitates word learning in 14-month-olds. *PLoS ONE, 10*(2), e0116494.
Kantartzis, K., Imai, M., & Kita, S. (2011). Japanese sound-symbolism facilitates word learning in English-speaking children. *Cognitive Science, 35*(3), 575–586.
ラティマー, アレックス, & 聞かせ屋。けいたろう（訳）.（2018）.『まいごのたまご』角川書店.
クワイン, W. V. O.（1984）,『ことばと対象』大出晁・宮館恵（訳）, 勁草書房.（Quine, W. V. O. (1960). *Word and Object*. Cambridge, MA: MIT Press.）
佐治伸郎・今井むつみ.（2013）.「語彙獲得における類像性の効果の検討——親の発話と子どもの理解の観点から」篠原和子・宇野良子（編）『オノマトペ研究の射程——近づく音と意味』（pp. 151–166）. ひつじ書房.
谷川俊太郎・元永定正.（1977）.『もこ　もこもこ』文研出版.
わかやまけん.（1972）.『しろくまちゃんのほっとけーき』こぐま社.

第5章

秋田喜美.（2021）.「日本語のオノマトペと言語類型論」窪薗晴夫・野田尚史・プラシャント・パルデシ・松本曜（編）『日本語研究と言語理論から見た言語類型論』（pp. 49–73）. 開拓社.
秋田喜美.（2022）.『オノマトペの認知科学』新曜社.
Akita, K., & Imai, M. (2022). The iconicity ring model for sound symbolism. In S. Lenninger, O. Fischer, C. Ljungberg, & E. Tabakowska (Eds.), *Iconicity in Cognition and across Semiotic Systems* (pp.27–45). Amsterdam: John Benjamins.
Dingemanse, M., & Akita, K. (2017). An inverse relation between expressiveness and grammatical integration: On the morphosyntactic typology of ideophones, with special reference to Japanese. *Journal of Linguistics, 53*(3), 501–532.
Flaksman, M. (2017). Iconic treadmill hypothesis: The reasons behind continuous onomatopoeic coinage. In A. Zirker, M. Bauer, O. Fischer, & C. Ljungberg (Eds.), *Dimensions of Iconicity* (pp. 15–38). Amsterdam:

processing in early conceptual development. *Psychological Science, 22*(11), 1419–1421.
Ramachandran, V. S., & Hubbard, E. M. (2001). Synaesthesia: A window into perception, thought and language. *Journal of Consciousness Studies, 8*(12), 3–34.
Saji, N., Akita, K., Kantartzis, K., Kita, S., & Imai, M. (2019). Cross-linguistically shared and language-specific sound symbolism in novel words elicited by locomotion videos in Japanese and English. *PLoS ONE, 14*(7), e0218707.
Sidhu, D. M., & Pexman, P. M. (2018). Five mechanisms of sound symbolic association. *Psychonomic Bulletin & Review, 25*, 1619–1643.
Spence, C. (2011). Crossmodal correspondences: A tutorial review. *Attention, Perception, & Psychophysics, 73*, 971–995.
Winter, B., Sóskuthy, M., Perlman, M., & Dingemanse, M. (2022). Trilled /r/ is associated with roughness, linking sound and touch across spoken languages. *Scientific Reports, 12*, 1035.

第３章

浜野祥子．(2017)．「「スクスク」と「クスクス」はどうして意味が違うの？」窪薗晴夫（編）『オノマトペの謎』(pp. 9–28)，岩波書店．
Hockett, C. F. (1960). The origin of speech. *Scientific American, 203*(3), 88–97.
Hockett, C. F., & Altmann, S. A. (1968). A note on design features. In T. A. Sebeok (Ed.), *Animal Communication: Techniques of Study and Results of Research* (pp. 61–72). Bloomington: Indiana University Press.
Martinet, A. (1962). *A Functional View of Language*. Oxford: Clarendon Press.
水野太貴・堀元見．(2021–)．「ゆる言語学ラジオ」YouTube. https://www.youtube.com/channel/UCmpkIzF3xFzhPez7gXOyhVg
NHK放送文化研究所．(2019)．「なんなら」? https://www.nhk.or.jp/bunken/research/kotoba/20190701_12.html
Nuckolls, J. B. (1992). Sound symbolic involvement. *Journal of Linguistic Anthropology, 2*(1), 51–80.
ソシュール，フェルディナン・ド．(2016)．『新訳 ソシュール 一般言語学講義』町田健（訳），研究社．(Saussure, F. de.(1916). *Cours de linguistique générale*. Paris: Payot.)

第４章

Asano, M., Imai, M., Kita, S., Kitajo, K., Okada, H., & Thierry, G. (2015). Sound symbolism scaffolds language development in preverbal infants. *Cortex, 63*, 196–205.

Christiansen, M. H. (2016). Sound–meaning association biases evidenced across thousands of languages. *Proceedings of the National Academy of Sciences, 113*(39), 10818–10823.
Erben Johansson, N., Anikin, A., Carling, G., & Holmer, A. (2020). The typology of sound symbolism: Defining macro-concepts via their semantic and phonetic features. *Linguistic Typology, 24*(2), 253–310.
Fort, M., Lammertink, I., Peperkamp, S., Guevara-Rukoz, A., Fikkert, P., & Tsuji, S. (2018). Symbouki: A meta-analysis on the emergence of sound symbolism in early language acquisition. *Developmental Science, 21*(5), e12659.
Ibarretxe-Antuñano, I., & Lizarduikoa, A. M. (2006). *Hizkuntzaren bihotzean: euskal onomatopeien hiztegia*. Donostia: Gaiak.
Imai, M., Akita, K., Kita, S., Saji, N., Ohba, M., & Namatame, M. (2022). Deaf and hard-of-hearing people can detect sound symbolism: Implications for the articulatory origin of word meaning. In A. Ravignani et al. (Eds.), *The Evolution of Language: Proceedings of the Joint Conference on Language Evolution* (pp. 325–332). Nijmegen: Joint Conference on Language Evolution.
Iwasaki, N., Vinson, D. P., & Vigliocco, G. (2007). What do English speakers know about *gera-gera* and *yota-yota*?: A cross-linguistic investigation of mimetic words for laughing and walking. *Japanese-Language Education around the Globe, 17*, 53–78.
Joo, I. (2023). The sound symbolism of food: The frequency of initial /PA-/ in words for (staple) food. *Linguistics, 61*(1), 33–46.
Kakehi, H., Tamori, I., & Schourup, L. C. (1996). *Dictionary of Iconic Expressions in Japanese*. Berlin: Mouton de Gruyter.
Kanero, J., Imai, M., Okuda, J., Okada, H., & Matsuda, T. (2014). How sound symbolism is processed in the brain: A study on Japanese mimetic words. *PLoS ONE, 9*(5), e97905.
川原繁人．(2017)．『「あ」は「い」より大きい!?――音象徴で学ぶ音声学入門』ひつじ書房.
Köhler, W. (1947 [1929]). *Gestalt Psychology: An Introduction to New Concepts in Modern Psychology*. New York: Liveright.
リスト，フランツ．(2021)．『フレデリック・ショパン――その情熱と悲哀』八隅裕樹（訳），彩流社.
日本放送協会．(2009)．『課外授業　ようこそ先輩　自然を感じれば天気が見える　気象予報士　森田正光』https://www2.nhk.or.jp/archives/tv60bin/detail/index.cgi?das_id=D0009020065_00000
朴智娟．(2019)．『オノマトペの言語的統合性に関する日韓対照研究』名古屋大学博士論文.
Peña, M., Mehler, J., & Nespor, M. (2011). The role of audiovisual

参考文献

はじめに

Harnad, S. (1990). The symbol grounding problem. *Physica D: Nonlinear Phenomena, 42*, 335–346.

今井むつみ．(2003)．「言語獲得におけるシンボルグラウンディング」『人工知能学会誌』*18*(5), 580–585.

今井むつみ．(2014)．「言語発達と身体への新たな視点」今井むつみ・佐治伸郎（編）『言語と身体性』(pp. 1–34)．岩波書店.

今井むつみ・佐治伸郎（編著）．(2014)．『言語と身体性』岩波書店.

第１章

Akita, K., & Dingemanse, M. (2019). Ideophones. In M. Aronoff (Ed.), *Oxford Bibliographies in Linguistics*. New York: Oxford University Press.

Dingemanse, M. (2019). 'Ideophone' as a comparative concept. In K. Akita & P. Pardeshi (Eds.), *Ideophones, Mimetics and Expressives* (pp. 13–33). Amsterdam: John Benjamins.

Dingemanse, M., Blasi, D. E., Lupyan, G., Christiansen, M. H., & Monaghan, P. (2015). Arbitrariness, iconicity, and systematicity in language. *Trends in Cognitive Sciences, 19*(10), 603–615.

藤村逸子・大曾美恵子・大島デイヴィッド義和．(2011)．「会話コーパスの構築によるコミュニケーション研究」藤村逸子・滝沢直宏（編）『言語研究の技法――データの収集と分析』(pp. 43–72)．ひつじ書房.

Ibarretxe-Antuñano, I. (2017). Basque ideophones from a typological perspective. *Canadian Journal of Linguistics, 62*(2), 196–220.

窪薗晴夫（編）．(2017)．『オノマトペの謎――ピカチュウからモフモフまで』岩波書店.

Nuckolls, J. B. (2019). The sensori-semantic clustering of ideophonic meaning in Pastaza Quichua. In K. Akita & P. Pardeshi (Eds.), *Ideophones, Mimetics and Expressives* (pp. 167–198). Amsterdam: John Benjamins.

Peirce, C. S. (1932). *The Collected Papers of Charles Sanders Peirce, Vol. II: Elements of Logic*. Cambridge, MA: Harvard University Press.

Voeltz, F. K. E., & Kilian-Hatz, C. (Eds.). (2001). *Ideophones*. Amsterdam: John Benjamins.

第２章

Blasi, D. E., Wichmann, S., Hammarström, H., Stadler, P. F., &

イラスト作成　スタジオびりやに

今井むつみ（いまい・むつみ）

1989年慶應義塾大学大学院博士課程単位取得退学．94年ノースウェスタン大学心理学部 Ph.D. 取得．慶應義塾大学環境情報学部教授．専門は認知科学，言語心理学，発達心理学．

著書『ことばと思考』（岩波新書）
『学びとは何か』（岩波新書）
『ことばの発達の謎を解く』（ちくまプリマー新書）
『英語独習法』（岩波新書）など

共著『言葉をおぼえるしくみ』（ちくま学芸文庫）
『算数文章題が解けない子どもたち』（岩波書店）
など

秋田喜美（あきた・きみ）

2009年神戸大学大学院文化学研究科修了．博士（学術）取得．大阪大学大学院言語文化研究科講師を経て，名古屋大学大学院人文学研究科准教授．専門は認知・心理言語学．

著書『オノマトペの認知科学』（新曜社）

共編著 *Ideophones, Mimetics and Expressives*（John Benjamins）
『言語類型論』（開拓社）など

言語《げんご》の本質《ほんしつ》
中公新書 2756

2023年5月25日初版
2023年10月20日6版

著　者　今井むつみ
　　　　秋田喜美
発行者　安部順一

本文印刷　三晃印刷
カバー印刷　大熊整美堂
製　　本　小泉製本

発行所　中央公論新社
〒100-8152
東京都千代田区大手町 1-7-1
電話　販売 03-5299-1730
　　　編集 03-5299-1830
URL https://www.chuko.co.jp/

Published by CHUOKORON-SHINSHA, INC.
Printed in Japan　ISBN978-4-12-102756-6 C1280